Crescer em Comunhão
CATEQUESE DE INSPIRAÇÃO CATECUMENAL

Livro do Catequista

4

Célio Reginaldo Calikoski

Débora Regina Pupo

Léo Marcelo Plantes Machado

Maria do Carmo Ezequie

Virginia Feronc

EDITORA VOZES

Petrópolis

© 2002, 2014, 2021, Editora Vozes Ltda.
Rua Frei Luís, 100
25689-900 – Petrópolis, RJ
www.vozes.com.br
Brasil
24ª edição, 2021

5ª reimpressão, 2025.

Todos os direitos reservados. Nenhuma parte desta obra poderá ser reproduzida ou transmitida por qualquer forma e/ou quaisquer meios (eletrônico ou mecânico, incluindo fotocópia e gravação) ou arquivada em qualquer sistema ou banco de dados sem permissão escrita da editora.

Imprimatur

Dom José Antonio Peruzzo
Presidente da Comissão Episcopal Pastoral para Animação Bíblico-Catequética – CNBB
Bispo referencial da Animação Bíblico-Catequética no Regional Sul II – CNBB
Arcebispo da Arquidiocese de Curitiba - PR
Agosto de 2021

CONSELHO EDITORIAL

Diretor
Volney J. Berkenbrock

Editores
Aline dos Santos Carneiro
Edrian Josué Pasini
Marilac Loraine Oleniki
Welder Lancieri Marchini

Conselheiros
Elói Dionísio Piva
Francisco Morás
Gilberto Gonçalves Garcia
Ludovico Garmus
Teobaldo Heidemann

Secretário executivo
Leonardo A.R.T. dos Santos

PRODUÇÃO EDITORIAL

Aline L.R. de Barros
Jailson Scota
Marcelo Telles
Mirela de Oliveira
Natália França
Otaviano M. Cunha
Priscilla A.F. Alves
Rafael de Oliveira
Samuel Rezende
Vanessa Luz
Verônica M. Guedes

Projeto gráfico: Ana Maria Oleniki
Diagramação: Ana Paula Bocchino Saukio
Capa: Ana Maria Oleniki
Revisão gráfica: Francine Porfirio Ortiz
Revisão teológica: Débora Regina Pupo

ISBN 978-65-571-3230-2

Este livro foi composto e impresso pela Editora Vozes Ltda.

SUMÁRIO

Apresentação, 5

Com a palavra, os autores, 7

BLOCO 1: FÉ PROFESSADA

1 A fé como dom de Deus, 19

2 A fé: nossa resposta ao dom de Deus, 25

3 Creio em Deus, Pai amoroso, 33

4 Creio em Jesus Cristo, 39

5 Creio no Espírito Santo, 46

Espiritualidade familiar: Eu creio, nós cremos!, 52

Celebração comunitária: Entrega do símbolo da fé, 57

BLOCO 2: FÉ CELEBRADA

6 Ritos da missa: Passos para um encontro com o Senhor, 63

7 Gestos e posições do corpo: Instrumentos para a comunhão com Deus, 69

8 Bendito seja Deus que nos reuniu no amor de Cristo, 76

Gincana litúrgica: A fé celebrada, 80

9 Encontro celebrativo: O dom do amor e do serviço, 82

BLOCO 3: FÉ VIVIDA

10 O caminho para a felicidade, 89

11 Bem-aventurados aqueles que buscam o meu Reino, 96

12 Bem-aventurados aqueles que esperam o teu Reino, 105

13 Ela viveu diferente, 113

14 Eles viveram diferente, 119

Dia da Solidariedade, 124

Celebração comunitária: Entrega das bem-aventuranças, 125

BLOCO 4: FÉ REZADA

15 Oração: O grito da fé!, 131
16 A oração me faz íntimo do Senhor, 136
17 A oração comunitária, 141
18 Nossa Senhora no coração do povo de Deus, 145
19 Leitura orante, 154

LISTA DE SIGLAS E ABREVIATURAS, 157

REFERÊNCIAS, 158

Queridos catequizandos,
Prezados pais e familiares,
Estimados catequistas,

Mais uma vez foi revisada a *Coleção Crescer em Comunhão*. Ela lhes chega com o desejo de acompanhar o caminho de fé de crianças e adolescentes. As páginas em suas mãos trazem textos portadores de preciosos conteúdos catequéticos, expostos com cuidados didáticos e muita sensibilidade pedagógica.

Os autores trabalharam com muita dedicação, tendo os olhos fixos em vocês, queridos catequizandos. Ao escreverem, mantiveram a atenção e a sensibilidade à idade, aos interesses, às necessidades e à linguagem própria de quem pode crescer na fé mediante a educação para o discipulado na catequese. Mas também vocês, queridos catequistas, foram lembrados, tendo reconhecidos suas experiências e o anseio de fazer ecoar a Palavra de Deus.

A vocês, prezados pais e familiares, recordo que, em catequese, nada é tão decisivo quanto o interesse e a participação da família. O testemunho de fé que os catequizandos encontrarem em casa, assim como o entusiasmo pela formação catequética dos filhos, farão com que eles percebam a grandeza do que lhes é oferecido e ensinado.

Agora, pronta a obra, chegou o momento de apresentá-la aos destinatários. É um bom instrumento. É um recurso seguro aos que se entregam à catequese. Mas a experiência de fé vem de outra fonte. Vem do encontro com Jesus Cristo. Por Ele, vale a pena oferecer o melhor. Com Ele, podemos *Crescer em Comunhão*.

Dom José Antonio Peruzzo
Arcebispo da Arquidiocese de Curitiba – PR
Bispo referencial da Animação Bíblico-Catequética no Regional Sul II – CNBB
Presidente da Comissão Episcopal Pastoral para Animação Bíblico-Catequética – CNBB

Com a palavra, os autores

Queridos catequistas, com muita alegria apresentamos a *Coleção Crescer em Comunhão – Catequese de inspiração catecumenal*, renovando a esperança e intensificando o desejo de que a Catequese de Iniciação à Vida Cristã possibilite um caminho para despertar, amadurecer e crescer na fé, de acordo com a proposta de Jesus.

A coleção se chama *Crescer em Comunhão*, pois é este o espírito que perpassa a catequese, um permanente crescimento em "comum união" com os catequizandos, com as famílias, com a comunidade eclesial e com Jesus – que é Caminho, Verdade e Vida.

O percurso da Iniciação à Vida Cristã leva em conta a pessoa, o conteúdo, a realidade. É na catequese que deve acontecer a interação mútua e eficaz entre a experiência de vida e a fé. A experiência de vida levanta perguntas que a fé busca responder. A fé propõe a mensagem de Deus e convida a estar em comunhão com Ele, extrapolando toda e qualquer expectativa humana, e a experiência humana é estimulada a abrir-se para essa nova realidade em Jesus.

Para que aconteça de fato a iniciação cristã de forma plena entendemos que alguns aspectos são de enorme importância, assim destacamos que a catequese deve acentuar o primado da Palavra de Deus, envolver a comunidade eclesial, incluir a família e despertar para a dimensão litúrgica.

Desejamos que a catequese seja uma expressão significativa para toda a ação evangelizadora da Igreja e uma das atividades mais fecundas para a renovação das comunidades, capaz de aproximar-se da realidade das pessoas, tornando a Palavra de Deus mais eficaz na experiência cotidiana de cada catequizando e seus familiares.

Sabemos que o melhor manual é o próprio catequista, que dá testemunho de sua fé e as razões de sua esperança em Jesus e em seu Evangelho. Por isso nesta caminhada esperamos que a *Coleção Crescer em Comunhão* possa colaborar na missão de cada catequista de tornar-se verdadeiro discípulo missionário de Jesus.

Nosso reconhecimento e gratidão a todos os catequistas por seu testemunho e entrega ao ministério da catequese como pilar e alimento da fé viva nas comunidades.

Apresentamos a coleção revisada e atualizada com um grande amor à Igreja, na esperança de impulsionar uma nova etapa na vida da catequese e, ao mesmo tempo, na vida de nossas comunidades cristãs, contribuindo com a formação e educação da fé.

COMO ESTÁ ORGANIZADO O MANUAL DO CATEQUISTA

BLOCOS

O livro do catequista é organizado em blocos, um conjunto de temas agrupados sequencialmente para garantir o conhecimento e educação da fé. Cada bloco possui um texto introdutório para apresentar o conjunto de temas nele selecionados. Os temas dos blocos são apresentados por meio de encontros, estruturados da maneira a seguir.

OBJETIVO

É a meta a ser alcançada com o desenvolvimento do tema.

LEITURA ORANTE

É o momento para o catequista se preparar pedindo a iluminação de Deus.

A oração é o combustível para a missão catequética. É nela que encontramos a força para enfrentar os obstáculos, a sabedoria para agir nas diferentes situações. É nela também que encontramos e entramos em comunhão com aquele que é Santo e nos santifica.

A leitura orante levará o catequista a ter intimidade com o tema que será apresentado aos catequizandos em cada encontro. Eis os passos para praticá-la:

- **Leitura atenta do texto:** Este momento é para conhecer e amar a Palavra de Deus. Ler lentamente o texto, saboreando cada palavra ou frase. Ler uma vez, silenciar um pouco, ler uma segunda vez. Fazer um momento de silêncio interior, lembrando o que leu, pois o silêncio prepara o coração para ouvir o que Deus tem a falar.

- **Meditar a Palavra:** Atualizar a Palavra, ligando-a com a vida. Algumas questões auxiliam: O que o texto diz para mim, para nós? Que ensinamento o Senhor quer nos dar?

- **Respondendo a Deus pela oração:** Neste momento nos dirigimos a Deus, nos perguntando: O que o texto me faz dizer a Deus? Pode ser um pedido de perdão, porque a Palavra nos levou ao reconhecimento de que não estamos vivendo fielmente ou cumprindo o que Ele pede. Pode ser um louvor, uma súplica, um agradecimento. A oração deve brotar do coração tocado pela Palavra.

- **Contemplação:** Neste momento relemos o texto e nos colocamos diante da Palavra acolhendo-a em nosso coração e escolhendo uma frase ou palavra que nos ajude a olhar a vida, as pessoas e o mundo como Deus olha. Depois formulamos um compromisso. A Palavra de Deus nos aponta um caminho novo de vida, algo que precisamos mudar.

FUNDAMENTAÇÃO PARA O CATEQUISTA

Trata-se de um texto no qual o catequista encontrará subsídio teórico sobre o tema e o texto bíblico. É o momento de fundamentar-se de modo a estar preparado para o encontro.

O ENCONTRO

Nossa escolha metodológica para o desenvolvimento dos temas nos encontros catequéticos é inspirada no Evangelho de Lucas 24,13-35. Trata-se da passagem que relata a experiência dos "Discípulos de Emaús". O texto aponta para a dimensão da experiência do encontro com Jesus Cristo no caminho, na vida, na Palavra e na celebração. E como esse encontro leva a retomar o caminho e a partilhar com os outros o que se vivenciou, sua finalidade última é despertar para a missão. Os discípulos, ao realizarem uma experiência nova, o encontro com o Ressuscitado, voltaram pelo mesmo caminho, mas com um novo horizonte, tanto para a vida como para a missão.

O encontro está estruturado de forma a ajudar o catequista na sua organização. Para isso é preciso observar os elementos a seguir.

MATERIAIS

Propõe os recursos que o catequista vai precisar para desenvolver o encontro.

PARA INICIAR O ENCONTRO

É o momento de acolhida e apresentação do tema a partir do texto introdutório do livro do catequizando.

CRESCER COM A PALAVRA

Apresenta o texto bíblico com reflexões e ações para o catequizando realizar em grupo ou individualmente.

No decorrer dos encontros catequéticos é fundamental favorecer o encontro pessoal com o Cristo vivo do Evangelho e o aprofundamento constante do compromisso de fé. A catequese não se trata de um simples ensino, mas da transmissão de uma mensagem de vida. A educação da fé sempre supõe transmitir aquela vida que o Cristo nos oferece, principalmente através das vivências que o catequista realiza com os catequizandos e suas famílias.

A catequese deve partir da vida, da realidade, e ser iluminada pela Palavra de Deus. É o momento do anúncio da mensagem e de colocar o catequizando diante de Deus, de confrontá-lo com a fé. Neste confronto, ele próprio descobrirá a ação de Deus Salvador na sua realidade e irá se abrir para uma leitura nova da Palavra de Deus à luz dos acontecimentos.

Sendo a Bíblia o livro da fé, o catequizando e sua família devem ser orientados a realizar o contato diário e desenvolver uma familiaridade profunda com ela. Um elemento importante para isso é a leitura orante da Palavra de Deus no esforço de promover a interação entre o ontem e o hoje, a fé e a vida.

CRESCER NA ORAÇÃO

A dinâmica da oração sempre vai ter relação com o texto bíblico e com o tema do encontro. Ela vai levar o catequizando a refletir sobre o que está estudando.

Os encontros catequéticos precisam ser celebrativos, simbólicos e orantes. O catequista acompanha e conduz catequizandos e famílias para a experiência de fé (cf. DC, n. 113b). Assim, ele deve se preocupar em fazer o catequizando crescer na vida da oração, pela força do Espírito e seguindo o Mestre Jesus.

A oração abrirá espaço para a interiorização e vivência profunda do encontro com Cristo em resposta à Palavra. Favorecerá também a participação litúrgica na comunidade.

CRESCER NO COMPROMISSO

Propõe como compromisso uma ação a ser realizada pelo catequizando sozinho ou com a sua família. Esse compromisso está em sintonia com o tema e com o texto bíblico.

A experiência de fé se traduz em ações concretas de testemunho, em vivência transformadora. As ações propostas em cada encontro ajudam a assimilar, expressar e levar para a vida o que foi refletido. Lembramos que as ações transformadoras são lentas e exigem perseverança.

A espiritualidade do catequista é a atitude de quem mergulha dentro dos fatos para descobrir neles a presença ativa e transformadora da Palavra de Deus, procurando comprometer-se com essa Palavra em sua vida.

COMO ESTÁ ORGANIZADO O MANUAL DO CATEQUIZANDO

O livro do catequizando também está organizado em blocos, tendo um conjunto de temas que ajudam no conhecimento e na educação da fé, sistematizados em encontros. O objetivo dos blocos é articular os conteúdos em torno de uma mesma temática e ajudar o catequizando a perceber as correlações entre eles no processo de sua formação e educação da fé.

O objetivo de todo o processo catequético é levar os catequizandos e suas famílias a um encontro íntimo e pessoal com Jesus Cristo. A realização dos encontros contribui para este processo e necessita de temas organizados sistematicamente numa sequência crescente de conteúdos e ações. Para isso é importante considerar a relação entre: PALAVRA (vida e Palavra), ORAÇÃO (celebração) e COMPROMISSO (ação). Nesta perspectiva o livro do catequizando está estruturado de modo que suas partes sejam interdependentes.

O ENCONTRO

O encontro está estruturado da seguinte forma:

TEXTO INTRODUTÓRIO

Compõe-se de um texto que introduz o tema a ser refletido e rezado no decorrer do encontro.

CRESCER COM A PALAVRA

Deus se comunica conosco mediante sua Palavra, que é sempre atual e atuante na vida. Diante das situações que nos cercam, portanto, precisamos recorrer a ela com atitude de escuta e acolhimento, a fim de discernir o que Deus está nos dizendo, o que Ele quer de nós, para onde quer nos conduzir.

Neste momento do encontro é desenvolvida a relação da vida com a Palavra (texto bíblico) segundo orientações de como fazê-la, assim como o modo de proceder para favorecer ao catequizando a aprendizagem do conteúdo.

A atitude de escuta diante de Deus e de sua Palavra permite que Ele conduza, com seus ensinamentos, a vida de cada catequizando. Sendo assim, a leitura da Bíblia não pode faltar nos encontros. Na Bíblia estão narrados o encontro e o relacionamento de Deus com a humanidade, com a finalidade de levá-la à comunhão com Ele. A Bíblia narra a entrada de Deus na vida do ser humano, assim como a entrada do ser humano na vida de Deus.

CRESCER NA ORAÇÃO

Momento de promover um diálogo profundo e íntimo com Deus, colocar-se, em silêncio, diante d'Ele para ouvir tudo o que tem a dizer. O modelo de oração que nos inspira é a atitude de Maria diante de Deus: "Faça-se em mim segundo a sua Palavra" (Lc 1,38). A oração nasce da experiência dos problemas e das alegrias reais da vida, levando-nos à comunhão e a um compromisso com Deus.

Sugerimos várias formas de oração: louvor, ação de graças, súplica, pedido de perdão, preces formuladas, cantos, recitação de salmos e versículos bíblicos, ou mesmo de forma espontânea, segundo aquilo que o Espírito Santo sugere a cada um. É necessário que a oração não seja apenas para pedidos individuais, pessoais, mas que se tenha em mente o aspecto comunitário.

CRESCER NO COMPROMISSO

É o momento das reflexões e orientações de como agir de acordo com o tema e o texto bíblico. Neste momento, em muitos casos, as ações propostas são articuladas para que os catequizandos as realizem com seus familiares, pois a catequese será eficaz e atingirá os seus objetivos se acontecer na vida familiar.

A família é e sempre será a primeira escola de fé, porque nela o testemunho dos pais e responsáveis expressa mais que qualquer outra palavra, gesto ou imagem. Não há melhor forma de catequizar do que as atitudes realizadas pelos pais, que são percebidas, entendidas e assimiladas com interesse, curiosidade e amor pelos filhos. A família, com seu testemunho vivo e diário de fé, é a fonte necessária para uma evangelização que vai formando pessoas novas para um mundo novo que exige posturas novas, visando sempre à concretização do Reino de Deus entre nós.

CELEBRAÇÕES DE ENTREGA E ENCONTROS CELEBRATIVOS

Nos manuais da *Coleção Crescer em Comunhão* apresentamos celebrações de entrega e encontros celebrativos.

Tanto as celebrações quanto os encontros celebrativos têm como objetivos aprofundar a mensagem apresentada no decorrer dos encontros e ser uma experiência de iniciação orante dos conteúdos. É um momento no qual catequista e catequizandos se unem a Cristo para louvar, suplicar e escutar a Palavra.

BLOCO 1

FÉ PROFESSADA

1 A fé como dom de Deus

2 A fé: nossa resposta ao dom de Deus

3 Creio em Deus, Pai amoroso

4 Creio em Jesus Cristo

5 Creio no Espírito Santo

Espiritualidade familiar: Eu creio, nós cremos!

Celebração comunitária
Entrega do símbolo da fé

O tema central deste bloco é a fé que professamos, por isso iniciaremos explorando a compreensão da fé e as atitudes que ela desperta, entendendo-a como resposta ao dom de Deus que se comunica com a humanidade e estabelece uma relação de amizade.

Os encontros sobre a fé em Deus, em Jesus Cristo e no Espírito Santo apresentarão aos catequizandos o Pai como fonte de amor; como Aquele que ama sua obra e nos envia seu Filho, feito homem, para ser nosso amigo e nos resgatar do pecado. Com a morte e ressurreição de Jesus, o Espírito Santo nos é enviado, e sua presença inspira nossas vidas e comunidades para que o anúncio do Evangelho aconteça.

Ao final do bloco, há duas propostas de celebração: um momento de espiritualidade com a família dos catequizandos e outro com o rito de entrega do Creio, a ser celebrado com a comunidade. As celebrações são partes essenciais do itinerário catequético e contribuem para marcar o ritmo da caminhada e do crescimento dos catequizandos na fé.

A FÉ COMO DOM DE DEUS   1

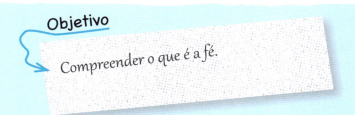

Objetivo: Compreender o que é a fé.

LEITURA ORANTE

- Como passo importante para o preparo do seu encontro, faça um momento de leitura orante do texto: Hb 11,1-3.33-34.

- Sugerimos a leitura de todo o capítulo 11 para ajudá-lo a trabalhar melhor o texto com os catequizandos.

- Propomos também que durante a semana, até o dia do encontro, realize a oração:

  Deus Uno e Trino, dai-me força para crer. Concedei-me a coragem para alimentar minha fé. Eu creio, mas preciso da tua mão a me guiar. Maria, mulher de fé, ensinai-me a crer para que eu possa ser fiel a teu Filho e anunciá-lo aos meus catequizandos. Amém!

FUNDAMENTAÇÃO PARA O CATEQUISTA

O Catecismo da Igreja Católica (CIgC), em seus números 26 e 27, afirma que "a fé é a resposta do homem a Deus que se revela e a ele se doa" e que "o desejo de Deus está inscrito no coração do homem". Isso nos ajuda a perceber a fé como uma relação de diálogo entre Deus e a humanidade. Em todas as épocas da história, homens e mulheres aceitaram essa relação e se colocaram em diálogo com Deus.

A FÉ, EMBORA SEJA UM DOM, É TAMBÉM UM ATO HUMANO.

A FÉ NÃO ANIQUILA A RAZÃO.

A FÉ DEVE SER UM ATO DE LIVRE RESPOSTA.

A FÉ PRECISA SER CULTIVADA POR MEIO DA ORAÇÃO E DO CONTATO COM A PALAVRA DE DEUS.

NÃO PODEMOS ESQUECER A DIMENSÃO COMUNITÁRIA DA FÉ.

A fé possui algumas características que nos ajudam a melhor entendê-la. Primeiramente não podemos esquecer que a fé, embora seja um dom, é também um ato humano, pois se configura como resposta da pessoa ao dom recebido. Outra característica importante é que a fé não aniquila a razão; antes, a própria fé procura melhor compreensão da vida e dos ensinamentos da Igreja. É preciso ter presente que a fé deve ser um ato de livre resposta ao Deus que se revela, ninguém pode ser forçado a acreditar. Como resposta humana, a fé precisa ser cultivada por meio da oração e do contato com a Palavra de Deus. Muito se fala da fé como atitude pessoal, o que está certo, porém não podemos esquecer a dimensão comunitária dela. A fé é ato pessoal, e não isolado. Isso significa que o crente recebe sua fé dos outros e deve transmiti-la. Cada um crê com a Igreja, e pertencendo à Igreja (cf. CIgC, n. 153-166).

Seria interessante nos perguntar: Como a fé é apresentada na Bíblia? De modo especial, no Novo Testamento? Temos uma fonte que pode nos ajudar a responder a essas questões: o subsídio doutrinal *As razões da fé na ação evangelizadora*, da CNBB. O número onze deste subsídio apresenta como a fé é vista no Novo Testamento, vejamos:

1. Para Marcos, Mateus e Lucas, a fé é vista como condição para a manifestação das obras de Jesus. Além de confiança, é uma decisão por Cristo.

2. Em São Paulo encontramos pelo menos três significados: fidelidade, convicção de consciência e sentido religioso.

3. Em Hebreus, no capítulo 11 (texto também selecionado para este encontro), há duas afirmações: primeira, a fé é fundamento das coisas que se esperam; segunda, a fé é demonstração do que não se vê.

4. Em São Tiago, a fé é essencial para a salvação, mas deve ser acompanhada pelas obras.
5. Para São João, a fé se manifesta na acolhida de Jesus e de sua mensagem. A fé, para João, não é condição do milagre, antes é suscitada pelo milagre.

Reflexão bíblica de Hebreus 11,1-3.33-34: A encíclica *Lumen Fidei*, do Papa Francisco, nos ajuda a melhor compreender o sentido do texto escolhido para este encontro. Pode-se perceber que o texto de Hebreus,

> ao apresentar a história dos justos do Antigo Testamento, (...) põe em relevo um aspecto essencial da sua fé; esta não se apresenta apenas como um caminho, mas também como edificação, preparação de um lugar onde os homens possam habitar uns com os outros (...) vemos surgir, relacionada com a fé, uma nova fiabilidade, uma nova solidez, que só Deus pode dar (...) a fé revela quão firmes podem ser os vínculos entre os homens, quando Deus se torna presente no meio deles. Não evoca apenas uma solidez interior, uma convicção firme do crente; a fé ilumina também as relações entre os homens, porque nasce do amor e segue a dinâmica do amor de Deus. (LF, n. 50)

Após esse "passeio" por alguns documentos, podemos perceber que a fé tem dois movimentos essenciais: é dom de Deus, que nos é dado, e é resposta humana por meio de uma vida ligada a Ele. Importante destacar, ainda, que a fé é dom que deve ser alimentado por meio de oração, celebração dos sacramentos e contato com a Palavra de Deus.

Depois de ler a fundamentação, reflita um pouco. Para ajudá-lo, apresentamos algumas questões:

1. O que é a fé?
2. Como eu, catequista, compreendo e explico a fé?
3. Quais as características da fé que é importante destacar para os catequizandos?

O ENCONTRO

MATERIAIS

- ✓ Prepare uma representação de caixa de remédio em tamanho grande, conforme modelo no livro do catequizando. As embalagens de medicamentos apresentam informações básicas, como nome comercial, composição, características da ação e indicação de uso. O medicamento em questão é FÉxilante (um estimulante para a fé), composto de Amorol Divino + Extrato de Oraçãomicina. O uso é espiritual e diário, e contém infinitas doses de ação prolongada e salvação eterna.
- ✓ Uma vela grande (será usada no segundo encontro também).
- ✓ Uma Bíblia.
- ✓ Prepare um espaço bem ornamentado para o encontro, de modo que todos possam se olhar e partilhar ideias com mais intimidade.

> **Dica**
>
> Antes de iniciar o encontro, ou até mesmo num encontro anterior, seria interessante manusear um pouco o livro e explicar a dinâmica de como utilizá-lo.

PARA INICIAR O ENCONTRO

- Converse com o grupo tendo por base o texto introdutório e as perguntas que se encontram no livro do catequizando. Sugerimos que este seja um momento de partilha, envolvendo as respostas e as relações que se estabelecem entre as coisas que acreditamos, mas nem sempre são palpáveis, visíveis. Se preferir, pode fazer pequenos grupos para favorecer a participação de todos. Não é necessário responder por escrito.

CRESCER COM A PALAVRA

- ✝ Prepare o grupo para a leitura da Palavra. Oriente para que acompanhem o texto nas suas Bíblias: Hb 11,1-3.33-34.
- ✝ Ajude os catequizandos na compreensão da Palavra, fazendo uso da fundamentação teórica. Lembramos que o capítulo de Hebreus

é um conjunto de testemunhos de fé do povo de Deus através da história. Como a leitura do capítulo inteiro seria extensa, narre esses exemplos e ligue o conceito inicial de fé com a realização do que esperavam no final do texto (versículos 33 e 34).

- Após a leitura, sugira para que, em silêncio, cada um faça a leitura dos versículos 1 a 3 novamente.

- Oriente para fazerem a atividade 1, sobre o que é fé, a partir do que foi refletido e lido no texto bíblico. Dê um tempo para que escrevam. Depois solicite que compartilhem com o grupo o que produziram, para observar o que assimilaram.

- Na sequência, apresente a caixa de remédio, que parece fugir completamente do contexto. Argumente que os remédios são feitos para curar doenças, mas dificilmente sabemos qual é sua composição, como são produzidos e, principalmente, quais devemos usar para cada enfermidade. Se estamos com sintomas como dor e febre, por exemplo, é normal que procuremos um médico para que nos indique um remédio. Mesmo sem saber sua composição ou se a indicação está correta, nós tomamos o medicamento porque esperamos que nos cure. Demonstramos acreditar no médico, no fabricante do remédio, nos cientistas que pesquisaram seus componentes. Antecipamos o que esperamos e acreditamos no que não vemos, que é a cura da doença. Assim é também a fé em Deus: não podemos vê-lo, mas acreditamos que Ele existe e nos ama.

- No livro do catequizando, leia o número 27 do Catecismo da Igreja Católica. Ajude o catequizando a relacionar a profissão de fé com o desejo de buscar a Deus. Destaque que a fé é dom e nos move ao encontro d'Ele.

- Explore as atividades 2 e 3, identificando com os catequizandos os momentos em que reconhecem a necessidade e sentem a presença de Deus em suas vidas, relacionando ao texto em seus livros.

- Na atividade 4, peça que observem a imagem e converse sobre o que precisamos para estimular a nossa fé, explorando o medicamento novo: FÉxilante, indicado àqueles que precisam ser estimulados na fé. Ele é composto de amor divino (amorol) que precisa ser alimentado com oração (oraçãomicina). Deve ser usado diariamente e contém infinitas doses de felicidade prolongada e salvação eterna.

✝ Comente com os catequizandos que para o nosso desenvolvimento físico precisamos ser alimentados e cuidados; para o nosso desenvolvimento intelectual precisamos estudar, receber orientação e ler bons livros. O que é preciso, então, para que a nossa fé se desenvolva?

✝ Encaminhe para que respondam a essa questão realizando a atividade 5. Construa com eles uma nuvem de palavras que represente a nossa necessidade de Deus e o que precisamos para amadurecer na fé.

CRESCER NA ORAÇÃO

- Convide o grupo para um momento de oração. Pode-se seguir a motivação que está no livro do catequizando.

CRESCER NO COMPROMISSO

- Explore a imagem e o texto no livro do catequizando, comentando: a esperança nos campeonatos esportivos é fortalecida pelas atitudes da torcida e, de forma similar, a esperança vivida pelo cristão, de alcançar a salvação, se fundamenta na fé.

- Motive a realizarem o compromisso de cuidar da fé. Para isso, oriente-os a escrever, de um modo que sempre possam olhar, quais ações precisam praticar para fazer sua fé brilhar.

> **Dica**
>
> *Para se lembrarem de seu compromisso, sugira aos catequizandos fixarem o que escreveram em papéis autoadesivos ou marca-páginas.*

A FÉ: NOSSA RESPOSTA AO DOM DE DEUS

2

> **Objetivo**
> Compreender as atitudes de fé como uma resposta ao dom de Deus.

LEITURA ORANTE

- Como passo importante para o preparo do seu encontro, faça um momento de leitura orante do texto: Hb 5,7-9.

- No texto que rezamos percebemos que Jesus mostra sua fé como resposta a Deus por meio de sua vida. Quando temos fé, ela suscita em nós atitudes que são expressão de nossa resposta ao dom que Deus nos dá. Por isso propomos que, durante a semana, até o dia do seu encontro, você reze a Oração da Campanha da Fraternidade 2020:

Deus, nosso Pai, fonte da vida e princípio do bem viver, criastes o ser humano, lhe confiastes o mundo como um jardim a ser cultivado com amor. Dai-nos um coração acolhedor para assumir a vida como dom e compromisso. Abri nossos olhos para ver as necessidades dos nossos irmãos e irmãs, sobretudo dos mais pobres e marginalizados. Ensinai-nos a sentir verdadeira compaixão expressa no cuidado fraterno, próprio de quem reconhece no próximo o rosto do vosso Filho. Inspirai-nos palavras e ações para sermos construtores de uma nova sociedade, reconciliada no amor. Dai-nos a graça de vivermos em comunidades eclesiais missionárias, que, compadecidas, vejam, se aproximem e cuidem daqueles que sofrem, a exemplo de Maria, a Senhora da Conceição Aparecida, e de Santa Dulce dos Pobres, Anjo Bom do Brasil. Por Jesus, o Filho amado, no Espírito, Senhor que dá a vida. Amém!

FUNDAMENTAÇÃO PARA O CATEQUISTA

Neste encontro prosseguimos refletindo sobre a fé, mas vamos nos concentrar em compreendê-la como atitude de resposta da pessoa ao Deus que se revela. E como Jesus Cristo é a plenitude da revelação divina, então precisamos olhar para Ele e nos inspirar para respondermos à proposta que Deus Pai nos faz.

Precisamos entender essa resposta como uma opção de vida. De fato, o Catecismo nos diz que "pela fé, o homem submete completamente sua inteligência e vontade a Deus" (CIgC, n. 143). Talvez isso soe estranho, mas precisamos entender a fé como espaço de libertação.

A resposta que cada pessoa é chamada a dar ao dom que recebe de Deus não é algo abstrato, tampouco puramente emocional. Jesus, nos Evangelhos, nos ensina que a fé está em estreita relação com a conduta pessoal, por isso um cristão é reconhecido pelo seu modo de agir, à semelhança do Bom Samaritano (Lc 10,29-37), ou ainda, ter fé é viver e agir como Jesus viveu e agiu.

Para o Papa Francisco (ChV, n. 158-173), uma pessoa de fé estará sempre conectada a Jesus, em sintonia com Ele para crescer na felicidade e na santidade. Papa Francisco também destaca que buscar crescer espiritualmente ajuda a nos valorizar como somos, de modo que precisamos compreender que viver a fé não significa levar uma vida triste, sem ternura. Na verdade, cada um de nós tem uma missão que outra pessoa não pode realizar em nosso lugar, por isso o Papa exorta-nos a deixar nossa marca neste mundo como incentivo para que outros possam percorrer os mesmos caminhos.

Ao falar do desenvolvimento espiritual, o Papa Francisco alerta para a necessidade de crescer no amor fraterno; afinal, não podemos crescer isoladamente, a fé nos insere no seio de uma comunidade, de uma Igreja. Por vezes buscamos momentos de êxtase em nossas orações; chegamos a acreditar que quanto mais consolações tivermos, mais nossa fé estará fortalecida. O Papa alerta, contudo, para o fato de que o encontro com Deus muitas vezes nos tira de nós mesmos, e nos impulsiona a reconhecer Deus escondido em cada ser humano.

Por isso é tão importante ajudar os catequizandos a desenvolverem a empatia, para que saibam acolher a todos sem preconceito. Isso é viver a fé!

Nós, catequistas, precisamos identificar qual linguagem nossos catequizandos usam para expressar a própria fé. Com certeza será diferente da nossa, porém devemos ajudá-los a compreender que a fé os auxiliará a descobrir, e viver, sua própria identidade e unicidade. Vivendo com fé seremos livres e, uma vez com Deus, teremos a segurança que tanto nos é necessária. Em resumo, podemos dizer que "a fé pretende ajudar-me a interpretar minha vida de tal modo que eu entenda que ela me faz bem, que eu encontro minha verdadeira natureza e levo com liberdade e paz minha vida" (GRÜN, 2010, p. 59-60).

Jesus é a mais pura expressão de amor humano. Mesmo tendo fé, suplica ao Pai que afaste o "cálice" do sofrimento que enfrentará na cruz, mas, após o breve momento de dúvida, compreende que a ação de Deus é maior – a salvação eterna – e nos convida a também obedecer aos desígnios do Pai, agindo como Ele.

Entendemos que as palavras "obedecer" e "obediência" não são muito queridas aos adolescentes, pois em seu desenvolvimento estão na fase da contestação. A conversa deve ser conduzida com carinho, para que o texto não se torne um espanto a eles.

Obedecer origina-se do latim *oboedire*, palavra formada por *ob* (atenção) e *audire* (escutar), isto é, "escutar com atenção". Podemos dizer que, a partir da escuta atenciosa, aceitamos a ordem que nos foi dada por outra pessoa, mas fazemos isso não porque temos medo das consequências, e sim por amor e respeito à autoridade que nos ordena. Obedecer é a resposta que nos leva a uma ação.

Quando falamos de obediência a Deus, as mesmas coisas se aplicam. Escutamos com atenção sua proposta de amor e respondemos agindo porque o amamos.

Reflexão bíblica de Hebreus 5,7-9: O texto nos recorda os últimos momentos da vida de Jesus em que, colocando-se diante do Pai, pede que seja liberto da dor (cf. Lc 22,39-46). Bem sabemos que Jesus passou pela morte e por uma morte violenta, então por que dizer que

Ele foi atendido quando suplicava pela salvação e libertação desse momento? Na verdade, o texto nos mostra a grande confiança de Jesus: Ele está nas mãos do Pai, e será com o Pai que passará pelo momento mais difícil de sua vida. Ele não escapou, de maneira mágica, da dor e do sofrimento, mas assumiu seu destino e não fugiu. A escolha desse texto é para mostrar que a fé não nos livra dos sofrimentos, não nos protege da dor, não é um campo de força que repele a ação de nossos inimigos. Ter fé nos dá coragem para assumir nossas vidas com todas as consequências que isso nos impõe.

Podemos perceber, com o auxílio das fontes apresentadas, que expressar a fé precisa conciliar a proclamação da fé e a ação. Não seremos tolhidos em nossa liberdade se formos pessoas de fé; antes teremos a liberdade de quem escolhe responder à proposta que Deus apresenta. Proposta esta que é de vida plena.

Depois de ler a fundamentação, reflita um pouco. Para ajudá-lo, apresentamos algumas questões:

1. Quem, na minha opinião, pode ser considerado uma pessoa de fé?
2. O que, concretamente, significa ser uma pessoa de fé?
3. Como eu vivo a minha fé?

O ENCONTRO

MATERIAIS

- Prepare uma vela grande (a mesma usada no encontro anterior).
- Providencie uma vela pequena e um copo (de vidro, para não correr o risco de derreter o plástico) para cada participante.
- Combine previamente com quatro catequizandos para ajudarem na realização da dinâmica (no desenvolvimento há a explicação do que eles precisam fazer).

PARA INICIAR O ENCONTRO

- Comece o encontro argumentando: o que nos dá a condição de cristãos é o fato de professarmos nossa crença em Jesus Cristo, assim como a nossa crença de que Deus nos amou com tanta intensidade que enviou Jesus para que viesse ao mundo como homem e nos ensinasse a amar. O amor de Jesus chegou às mais extremas consequências: Ele morreu na cruz por nós. Jesus, porém, ressuscitou, e nossa vida ganha novo sentido a partir de seu amor.

CRESCER COM A PALAVRA

- Explore o texto sobre o significado de obedecer que está no livro do catequizando.

- Para ajudar a melhor compreender a Palavra promova um ambiente que favoreça realizar a leitura orante, envolvendo os catequizandos na reflexão do texto bíblico: Hb 5,7-9.

  > **Dica**
  > Não é preciso realizar todos os passos da leitura orante.

- Abra espaço para a partilha do que compreenderam. Destaque a obediência de Jesus, que, mesmo sendo o Filho de Deus, expressou seus medos e dúvidas humanas – e assumiu, apesar deles, a sua missão no projeto do Pai. Converse sobre o texto de seus livros, destacando o momento que Jesus pede ao Pai para afastar o cálice do sofrimento.

- Convide-os para construir a definição de "obediência", na atividade 1 do livro do catequizando.

- Para ajudá-los, consulte as explicações sobre a palavra "obediência" na fundamentação. Relacione com experiências concretas de quando não conseguimos escutar com atenção e obedecer ao que nos é orientado. Motive os catequizandos para que participem desse diálogo.

- Na atividade 2, motive-os a olhar para a própria vida e responder como estão vivendo a obediência.

- Reforce que Jesus demonstrou ser uma pessoa de fé por meio de sua obediência e atitudes. Oriente para realizarem a atividade 3, identificando nas citações bíblicas as atitudes de Jesus, que são exemplos de quem vive a sua fé, e registrando-as no espaço indicado para a resposta.

📖 Depois, instigue-os a partilhar suas respostas e conversar sobre as atitudes identificadas, destacando quais são essenciais aos dias atuais e por quê.

"Os escribas, que eram fariseus, viram que ele comia com pecadores e cobradores de impostos e disseram aos discípulos: 'Por que ele come e bebe com os cobradores de impostos e com os pecadores?'" (Mc 2,16)	Não era preconceituoso, não fazia distinção entre as pessoas.
"Mandou a multidão sentar-se na grama. Depois tomou os cinco pães e os dois peixes, levantou os olhos para o céu e rezou a bênção; partiu então os pães, deu-os aos discípulos e estes à multidão." (Mt 14,19)	Alimentava os famintos, tinha compaixão.
"Se teu irmão pecar contra Ti, repreende-o; e se ele se arrepender, perdoa-lhe." (Lc 17,3b)	Perdoava.
"Naqueles dias, Jesus veio de Nazaré da Galileia e foi batizado por João no Jordão." (Mc 1,9)	Cumpria a tradição, não desprezava a religião.
"Quem de vós se tiver cem ovelhas e perder uma, não deixa as noventa e nove no campo e vai em busca da ovelha perdida até encontrá-la?" (Lc 15,4)	Era persistente; não abandonava os seus, dava importância especial a cada um.
"Como insistissem em perguntar, ergueu-se e lhes disse: 'Aquele de vós que estiver sem pecado atire-lhe a primeira pedra'." (Jo 8,7)	Era inteligente, questionava. Não condenava, mas enfrentava.
"Levando-o para o alto, o diabo mostrou-lhe, num instante, todos os reinos do mundo e disse: 'Eu te darei o poder e a glória de todos esses reinos, porque a mim foram confiados e eu dou a quem quiser. Se te prostrares, pois, diante de mim, tudo será teu'. Jesus lhe respondeu: 'Adorarás o Senhor teu Deus e só a ele servirás'." (Lc 4,5-8)	Foi tentado, mas não se corrompeu. Foi fiel a Deus e conhecia a Palavra de Deus.

🛈 Na atividade 4, ajude os catequizandos para que, a partir das atitudes de Jesus destacadas, elaborem uma descrição de como seria uma pessoa de fé atualmente.

CRESCER NA ORAÇÃO

- Organize este momento realizando a dinâmica das velas proposta no livro: PUPO, D. R. *Catequese... sobre o que estamos falando?* Petrópolis: Vozes, 2018, p. 44-45.

Dinâmica das velas

"A partir da fé em Cristo, eu posso ser luz para o outro".

Desenvolvimento:

Passo 1: Distribua para cada catequizando uma pequena vela. Acenda a maior vela e a coloque à frente de todos. Motive para que pensem no simbolismo da vela, no que ela representa e no seu sentido quando apagada. Peça que prestem atenção na dinâmica a seguir.

Passo 2: As pessoas, avisadas antecipadamente (são quatro pessoas para realizar a dinâmica), realizam os passos:

1. Acende a vela no Círio, olha para todos, apaga a vela e a joga embaixo da mesa.
2. Acende a vela no Círio, olha para todos e se esconde (ou dá as costas para o grupo).
3. Acende a vela no Círio, olha para todos e coloca um copo sobre a vela.
4. Acende a vela no Círio, olha para todos e partilha a luz. (Enquanto acende as velas de todos, canta-se: *Deixa a luz do céu entrar.*)

Quando todas as velas estiverem acesas, convide seus catequizandos para rezarem juntos a seguinte oração (mantendo as velas acesas):

Senhor, que a luz do Céu faça morada em meu coração. Que a luz de Jesus brilhe através de minhas ações e que a minha luz possa brilhar no mundo, fazendo dele um pedaço do Céu na Terra. Que Maria, nosso modelo de fé, interceda por nós sempre. Amém!

CRESCER NO COMPROMISSO

- Leia com os catequizandos o texto do Papa Francisco e oriente-os a realizar o compromisso da semana: ouvir a música *Amar como Jesus amou*, do Padre Zezinho.

- Destaque que essa música nos fala das atitudes de Jesus. Relacione-a com o encontro, reforçando que refletimos sobre a fé e como Jesus nos ensina com sua vida.

- Como compromisso, sugere-se que eles escutem a música, analisem a letra e, a partir do refrão, tentem responder: "Em que essa música me ajuda a fortalecer e cultivar a minha fé?".

Anotações

LEMBRETE

Avisar aos catequizandos de que no próximo encontro devem trazer o celular.

CREIO EM DEUS, PAI AMOROSO

3

Objetivo

Reconhecer que Deus é fonte de amor que se revela como Pai, que ama demais a sua obra.

LEITURA ORANTE

- Como passo importante para o preparo do seu encontro, faça um momento de leitura orante do texto: Is 43,1-5.
- Propomos também que durante a semana, até o dia do encontro, realize a oração do Salmo 8 como indicado no item *Crescer na oração*.

FUNDAMENTAÇÃO PARA O CATEQUISTA

Nós sabemos que o diferencial da fé cristã católica é a proclamação da fé no Deus Uno e Trino. Isso significa que nosso Deus é único, mas que se revela a nós de três maneiras diferentes: Pai, Filho e Espírito Santo. São três maneiras, de um mesmo Deus, para se relacionar com a humanidade. Jesus nos revelou Deus como Pai, e nós acabamos por nos acostumar a falar d'Ele apenas como Pai. Porém essa não é a única imagem que podemos usar. De modo especial neste encontro, vamos ampliar nossa compreensão de Deus para tentar entendê-lo como fonte de todo amor. Por isso o texto bíblico escolhido nos fala de um Deus que nos ama e nos pede para não termos medo, pois estará sempre conosco.

Somos convidados pelo Papa Francisco (ChV, n. 112-117) a nos convencer de que Deus nos ama e nunca devemos duvidar dessa verdade. Ainda que o conceito de paternidade possa evocar uma experiência negativa em relação à imagem de pai, é preciso ter sempre presente, como diz o Papa Francisco: Deus é Pai, e Pai amoroso!

Existem, porém, outras maneiras de falar de Deus. A própria Bíblia nos apresenta diversas representações d'Ele para o povo do Antigo Testamento, tais como: identificar Deus como um pai amoroso que brinca com seus filhos (cf. Os 11,4); associar o amor d'Ele ao amor de uma mãe que não abandona ou esquece seus filhos (cf. Is 49,15); relacioná-lo a uma pessoa apaixonada que tudo faz para não esquecer a quem ama (cf. Is 49,16); reconhecer o amor de Deus que, além de inabalável, se faz presente desde o ventre materno e acompanha o ser humano durante toda a vida, pois é precioso para Ele (cf. Is 54,10; Jr 31,3; Is 43,4; Sf 3,17).

É importante destacar com os catequizandos a imagem de Deus Amor. Um amor louco que é capaz de aceitar e acolher cada um da maneira como é. Um amor que perdoa e corrige, justamente por querer o bem de todos. Deixemos, pois, ressoar em nosso coração esta certeza: o amor de Deus "é tão real, tão verdadeiro, tão concreto, que nos oferece uma relação cheia de diálogo sincero e fecundo. Finalmente, busque o abraço de teu Pai do céu no rosto amoroso de suas corajosas testemunhas na terra" (ChV, n. 117).

Reflexão bíblica de Isaías 43,1-5: O profeta Isaías se faz porta-voz de uma mensagem de paz e esperança para o povo: "Não tenham medo, pois Deus nos ama e não nos abandona!". Esse é o sentido de nossa reflexão para este encontro: resgatar a certeza de que somos amados e, por isso, Deus permanece conosco.

Porém é preciso atenção: sermos amados e cuidados não significa que não teremos dificuldades. O texto, nos versículos 2 e 3, destaca os perigos que o povo de Israel precisa enfrentar. Também em nossa vida temos momentos difíceis, mas não podemos esquecer a promessa que nos foi feita: ainda que enfrentemos perigos, não vamos perecer, pois Deus nos ama e está conosco.

O comando que se repete no texto, duas vezes, é "não tenhais medo" (Is 43,1.5). Para o povo, Deus não quer se apresentar como castigador, como juiz inclemente; antes, Ele se apresenta como presença que traz paz e tranquilidade.

Reflexão bíblica do Salmo 8: Apresentamos esta reflexão como contribuição e sugestão para melhor preparar o momento de oração com os catequizandos.

No clássico livro *O Pequeno Príncipe*, de Antoine de Saint-Exupéry, a raposa partilha com o Principezinho um bonito segredo: "O essencial é invisível aos olhos. Só se vê bem com o coração". No entanto, nós bem sabemos que somos filhos de uma cultura que preza muito a imagem. Nossos olhos andam afoitos por "ver". Pois bem, em nossa relação com Deus acontece o mesmo: somos tão ansiosos por "ver" a Deus que, por vezes, não damos atenção aos vestígios d'Ele pelo mundo.

O Salmo 8 expressa a admiração de quem reconhece os rastros de Deus na criação e a grandeza de um Criador que não esquece nenhum detalhe. Ao contemplar as obras criadas por Deus, desde a menor flor até os grandes astros, deveríamos exclamar, como o salmista: "Senhor, nosso soberano, quão magnífico é teu nome por toda a terra" (Sl 8,10).

Antes de nos apresentar Deus como Pai, a Bíblia o apresenta como Criador, sendo possível reconhecer a presença divina também na criação. Por isso é tão importante despertar em nossos adolescentes a sensibilidade para contemplar os sinais divinos escondidos em toda a obra criada, treinando seu coração para ver o invisível presente nos sinais visíveis.

Depois de ler a fundamentação, reflita um pouco. Para ajudá-lo apresentamos algumas questões:

1. Como ajudar nossos catequizandos a experienciar o amor de Deus?
2. Como entender o amor de Deus?
3. Qual imagem de Deus eu partilho em minha vida?

O ENCONTRO

MATERIAIS

- ✓ Celular do catequizando que deverá ser solicitado no encontro anterior.
- ✓ Bíblia e vela.

PARA INICIAR O ENCONTRO

- Para este encontro, sugerimos um momento contemplativo que deve começar no entorno de onde são realizados os encontros de catequese. Se possível e o lugar permitir, é importante contemplar o céu, as plantas, o sol ou, quem sabe, a chuva, pois poderá estar chovendo neste dia e você deve estar preparado para imprevistos. O silêncio nesta atividade é essencial e ajudará na concentração, pois faz com que o sentido da visão fique mais atento.

- Convide os catequizandos para que observem a natureza em detalhes e escolham um cenário natural para fotografar. Oriente para que cada catequizando escolha aquilo que mais o agrada e faça uma foto bem bonita. Depois peça que façam uma *selfie* junto com o que escolheram. Se na sua comunidade os catequizandos não tiverem acesso ao celular, peça que "fotografem com os olhos" e, ao voltarem para a sala, desenhem ou descrevam o que "fotografaram".

> **Dica**
> O ideal é que essa atividade externa dure uns dez minutos, por isso atente-se às possíveis dispersões durante o processo.

- Ao retornarem para a sala, peça que observem a foto da natureza com atenção àqueles detalhes que podem não ter notado quando fotografaram. Solicite, se necessário, que usem o recurso *zoom* do seu aparelho. Depois, oriente-os a escrever o que viram, classificando os elementos da natureza criados por Deus e os elementos criados e/ou transformados pelo ser humano.

- Abra espaço para a partilha diferenciando com os catequizandos o poder da criação de Deus e seres humanos. Reflita com eles sobre o fato de que Deus cria do nada, enquanto os homens transformam as coisas criadas por Ele, resgatando o texto introdutório do encontro.

- Na sequência, motive-os para que elaborem uma frase que expresse a importância de tudo o que Deus criou.

CRESCER COM A PALAVRA

- Oriente a leitura do texto: Is 43,1-5.
- Ao finalizar a leitura, depois de um breve silêncio, peça para realizarem a atividade 1 respondendo à pergunta: "Quem é a pessoa amada por Deus?". Solicite que procurem em suas respostas considerar o momento de contemplação, olhando a *selfie* ou o desenho que fizeram em relação ao texto bíblico.
- Em seguida, oriente a atividade 2 no livro do catequizando. Depois promova a partilha da produção das duplas com todo o grupo.
- Ressalte a compreensão de que Deus é um Pai amoroso, que não nos abandona. Explore ao máximo o texto bíblico.
- Motive os catequizandos para realizarem a atividade 3. Para este momento sugere-se utilizar a música *Deus é capaz*, de Walmir de Alencar. Explique aos catequizandos para, enquanto escutam a música, observarem a imagem do livro e anotarem o que sentem em relação a ela e à música, depois convide-os a partilhar o que escreveram.
- É interessante verificar os sentimentos semelhantes, sem se esquecer de acolher também aqueles que disseram não sentir nada. Ajude-os a compreender a letra a partir das experiências nas quais se sentiram amados.

CRESCER NA ORAÇÃO

- Conduza o momento de oração de acordo com o texto no livro do catequizando e concluam rezando o Salmo 8.

CRESCER NO COMPROMISSO

- Motive-os a se empenhar na realização do compromisso.
- O objetivo é o catequizando se lembrar de que é uma criatura especial do Pai, que criou um mundo repleto de maravilhas. E de que, talvez, Deus fique muito chateado quando não notamos isso, ou

quando nos olhamos no espelho e só conseguimos enxergar nossas espinhas, sem valorizar a verdadeira beleza que temos.

- Comente o texto que está no livro do catequizando e oriente-os a realizar o compromisso, a partir da foto ou do desenho que fizeram no encontro.

- Oriente-os a retomar os textos bíblicos desse encontro e escolher um versículo para copiar na parte indicada do livro do catequizando.

LEMBRETE

Providencie uma folha com as orientações de preparação para o próximo encontro. Cada catequizando deverá fazer uma entrevista e anotar as respostas na folha que receberam.

A pergunta para a entrevista é: "Quem é Jesus para você?".

Esta pergunta deverá ser feita para:

– Uma criança com menos de 5 anos.

– Para um idoso.

– Para um jovem de até 20 anos.

– Para seus pais ou responsáveis.

– Para um amigo próximo.

Oriente para que tragam a folha com as respostas no próximo encontro.

CREIO EM JESUS CRISTO

4

Objetivo

Identificar a imagem de Jesus Cristo como Filho de Deus e homem, que deseja ser nosso amigo.

LEITURA ORANTE

- Como passo importante para o preparo do seu encontro, faça um momento de leitura orante do texto: Mc 8,27-30.

- Propomos também que durante a semana, até o dia do encontro, realize a seguinte oração:

Meu Mestre e Senhor, ajudai-me a ser um fiel anunciador da tua Palavra. Tu me chamaste e enviaste; reconheço-me fraco diante das exigências da missão, mas, se estás comigo, sigo fortalecido pela tua graça. Ainda que eu passe por momentos difíceis e tristes, sei que me tens nas mãos e tua graça deve me bastar. Permita, Senhor, que eu mantenha o entusiasmo de levar tua mensagem a crianças, adolescentes, jovens, adultos e famílias, para que todos possam provar a beleza que é ser amado por Ti. Somos catequistas a serviço do Reino, que não nos falte a coragem de crescer na fé, na esperança e no amor, cada dia mais. Amém!

FUNDAMENTAÇÃO PARA O CATEQUISTA

Quando falamos de Jesus, as palavras de Bento XVI nos ajudam a compreender que, "no início do ser cristão, não há uma decisão ética ou uma grande ideia, mas o encontro com um acontecimento, com uma Pessoa que dá à vida um novo horizonte e, desta forma, o rumo decisivo" (DCE, n. 1). Isso nos coloca diante da pergunta de Jesus no

Evangelho que selecionamos para este encontro: "E vós, quem dizeis que eu sou?" (Mc 8,29). Essa pergunta ressoa para nós hoje: "Quem é Jesus?".

A Igreja, em seu ensinamento, nos oferece uma resposta:

> Cremos e confessamos que Jesus de Nazaré, nascido judeu de uma filha de Israel, em Belém, no tempo do rei Herodes, o Grande, e do imperador César Augusto; carpinteiro de profissão, morto crucificado em Jerusalém, sob o procurador Pôncio Pilatos, durante o reinado do imperador Tibério, é o Filho eterno de Deus feito homem. (CIgC, n. 423)

Tendo presente quem é Jesus Cristo, a consequência será a de lembrar que a transmissão da fé cristã se realiza por meio do anúncio da pessoa d'Ele, de modo a levar todos a crerem n'Ele. Conhecê-lo faz ter o desejo de anunciá-lo, para que outros também possam chegar à fé n'Ele. Não podemos esquecer que o centro da catequese é a pessoa de Jesus Cristo.

Antes de anunciarmos a Cristo é preciso procurar conhecê-lo, pois é desse conhecimento que brota o desejo de anunciá-lo. É necessário ter contato com Jesus, primeiro, em nível de fé, de encontro pessoal, depois em nível mais aprofundado, no qual a fé se sustenta na compreensão da razão, sendo vista como complemento e sinal de uma fé madura e segura, não mais ancorada em sentimentalismos, e sim em uma relação de amor, amizade e diálogo que culmine na doação da própria vida, a exemplo do Senhor.

A catequese se torna espaço privilegiado de encontro e conhecimento de Jesus. Sem pressa, sem sobrecarregar ninguém, realiza-se no desejo de despertar uma relação de amizade para que os catequizandos possam concluir que: "conhecer a Jesus é o melhor presente que qualquer pessoa pode receber; tê-lo encontrado foi o melhor que ocorreu em nossas vidas, e fazê-lo conhecido com nossa palavra e obras é nossa alegria" (DAp, n. 29).

Em hebraico, Jesus quer dizer "Deus salva"; Ele é o único que pode ser invocado em sinal de salvação. Quando dizemos "Jesus", significa que o próprio nome de Deus está presente na pessoa do seu Filho, e que Ele está no centro de toda oração cristã.

Quando Jesus questiona os discípulos sobre quem acham que Ele é (Mc 8,29a), Pedro responde: "Tu és o Cristo" (Mc 8,29b). Então podemos nos perguntar: O que, afinal, significa ser o Cristo? *Cristo* vem da tradução grega do termo hebraico *Messias*, que quer dizer "Ungido". Importante lembrar que não pode ser confundido como sobrenome de Jesus, pois Cristo é um título que lhe foi dado em referência ao Messias prometido por Deus e esperado por Israel, e Jesus é este Ungido. Ele aceitou o título de Messias ao qual tinha direito, mas com reserva, pois em sua época corria-se o risco de uma compreensão limitada do messianismo a questões políticas, e a missão de Jesus não se restringia a isso.

Sobre o título "Filho único de Deus", lembramos que no Antigo Testamento isso significa uma filiação adotiva que estabelece entre Deus e a sua criatura uma relação de amizade. Já os Evangelhos narram dois momentos solenes da vida de Jesus – o Batismo e a transfiguração – em que a voz do Pai o designa como seu Filho amado. Jesus também se reconhece como o Filho único de Deus (Jo 3,16).

A confissão cristã, a respeito da filiação divina, aparece na exclamação do centurião diante de Jesus na cruz: "Verdadeiramente este homem era Filho de Deus" (Mc 15,39). É somente no Mistério Pascal que o cristão pode compreender o alcance último do título "Filho de Deus", por isso este é, desde o início, o centro da fé de todos os seguidores de Jesus.

Também é comum invocar Jesus como "Senhor", reconhecendo-o como Deus. A afirmação do senhorio de Jesus sobre o mundo e sobre a história significa reconhecer que o ser humano não deve submeter a sua liberdade pessoal a nenhum poder terrestre, e sim somente a Deus Pai e ao Senhor Jesus Cristo.

Jesus é o Messias, nosso Senhor, o Filho de Deus que nos salva. Porém esta salvação é realizada através da oferta na cruz, da doação total de sua vida por amor.

Reflexão bíblica de Marcos 8,27-30: No Evangelho de Marcos, a primeira parte (Mc 1,14-8,26) nos mostra um Jesus verdadeiramente glorioso; um Messias que cura, perdoa, acolhe, sacia a fome, demonstra domínio sobre as forças da natureza, enfim, que "fez bem todas as coisas; fez os surdos ouvir e os mudos falar" (Mc 7,37), que deixa a todos espantados e admirados (cf. Mc 1,22.27-28). Nesta primeira parte do Evangelho de Marcos, vemos um Jesus triunfante. Na verdade, tudo está sendo preparado para a pergunta crucial que a comunidade que gera este Evangelho precisa responder: "E vós, perguntou ele, quem dizeis que eu sou?" (Mc 8,29a).

Jesus fez a pergunta aos seus discípulos em um contexto de triunfo e vitória, e hoje essa pergunta se repete a todos: Quem é Jesus para nós? Deixemos ecoar neste momento, em nossos ouvidos e corações, a pergunta que Jesus nos faz: "E vós, perguntou ele, quem dizeis que eu sou?" (Mc 8,29a).

Depois de ler a fundamentação, reflita um pouco. Para ajudá-lo, apresentamos algumas questões:

1. Como ajudar meus catequizandos a conhecerem melhor Jesus?
2. Que imagem transmito de Jesus para meus catequizandos?
3. Em quais lugares, e situações, eu encontro Jesus?

LEIA PARA APROFUNDAR

- Catecismo da Igreja Católica, números 425 a 451.

O ENCONTRO

MATERIAIS

✓ Cartolina, papel Kraft ou outro.
✓ Cola ou canetinhas, pincel atômico.

PARA INICIAR O ENCONTRO

- Inicie comentando o texto introdutório do encontro, apresentando a necessidade de conhecer e conviver com Jesus para que seja possível professar a fé n'Ele com convicção. Faça um breve comentário sobre quem é Santo Agostinho e a experiência dele para efetivamente vir a acreditar em Jesus.

- Oriente para que respondam de forma breve à pergunta: "Quem é Jesus para você?". Não é necessário que as respostas sejam partilhadas.

> **Dica**
> Defina o tempo de realização dessa atividade.

CRESCER COM A PALAVRA

- Sugerimos que seja feita uma leitura participativa – narrador, Jesus e Pedro – do texto: Mc 8,27-30.

- Contextualize a passagem do Evangelho, a partir do que você leu na reflexão bíblica sobre o texto deste encontro. É importante que os catequizandos saibam que a pergunta vem de muitas coisas que os discípulos viveram com Jesus.

- Oriente a reflexão do texto bíblico e auxilie os catequizandos para que realizem a atividade 1. Ajude-os a perceber que Jesus se mostra ao povo através de suas ações, desejando então saber se foi compreendido. As respostas dadas pelo povo indicam que ninguém cogitou que Ele pudesse ser o Cristo. É Pedro, que convive com o Mestre, quem apresenta uma melhor compreensão. Motive para que as respostas sejam partilhadas.

- Converse com os catequizandos sobre a entrevista que realizaram a respeito de quem é Jesus. Oriente para a atividade 2, seguindo os passos:

  a) Em papel Kraft ou cartolina, peça para que, em pequenos grupos, escrevam os resultados, identificando as respostas de acordo com a faixa etária indicada na entrevista: crianças de 5 anos; jovem de até 20 anos; amigo próximo; pais ou responsáveis; idosos. Nesse trabalho os catequizandos já devem observar as respostas semelhantes e, entre parênteses, sinalizar quantas pessoas as deram.

  b) Solicite para que cada grupo exponha os resultados e mobilize todos a conversarem sobre as respostas recebidas.

c) Ajude-os a perceber que as respostas vão ficando mais elaboradas conforme a idade aumenta.

d) Peça para identificarem também quais características de Jesus aparecem com mais frequência.

e) Converse com os catequizandos sobre as semelhanças entre as pessoas do tempo de Jesus e as de agora.

- A partir do texto que está no livro do catequizando conduza a atividade 3, destacando que algumas respostas encontradas no Evangelho de Marcos nos mostram que as pessoas confundiam Jesus com os antigos profetas que realizam milagres.

- Destaque a resposta de Pedro e explique a razão de ela ser diferente: ao reconhecer Jesus como Cristo, Pedro afirma que Ele é o Ungido de Deus que o povo espera. Mencione que, embora alguém possa confundir, não podemos pensar que "Cristo" é o sobrenome de Jesus.

- Após os catequizandos concluírem a atividade, promova um diálogo para a compreensão do nome de Jesus. A atividade do livro sugere que o catequizando relacione os nomes com seus respectivos significados usando números ou marcações iguais. Exemplos: ¹JESUS = ¹Deus Salva; ²CRISTO = ²Messias = ²Ungido; ³NAZARENO = ³Natural de Nazaré; ⁴SENHOR = ⁴Javé.

- Explique os significados para o nome de Jesus conforme estudou na fundamentação para o catequista.

- Mencione que o nome "Jesus Cristo" possui significados relacionados às informações fundamentais sobre a missão d'Ele. Ajude os catequizandos no registro das respostas a que chegaram na atividade 4.

- Auxilie-os a perceber que Pedro compreende que Jesus é o Cristo por estar em intimidade com Ele, por terem estabelecido uma sólida amizade. Motive-os a pensar e partilhar suas opiniões sobre o que é necessário fazer para que a amizade com Jesus seja solidificada.

- Após essa partilha, motive o grupo para que cada catequizando examine a forma como está se relacionando com Jesus e realize a atividade 5, sobre o que tem feito para nutrir sua amizade com Ele.

CRESCER NA ORAÇÃO

- A partir do texto do livro do catequizando, motive o momento de oração para que possam dar espaço e escutar o que Jesus tem a nos dizer. Após alguns instantes de silêncio, conclua seu encontro com a oração.

CRESCER NO COMPROMISSO

- Motive para que realizem, durante a semana, o compromisso que está proposto no livro do catequizando. Lembre-se de promover a partilha das experiências no encontro seguinte.

Anotações

5 CREIO NO ESPÍRITO SANTO

Objetivo

Reconhecer a presença do Espírito Santo em suas vidas e na comunidade.

LEITURA ORANTE

- Como passo importante para o preparo do seu encontro, faça um momento de leitura orante do texto: Jo 14,21.23b-26.

- Propomos também que durante a semana, até o dia do encontro, realize a oração:

Vinde Espírito Santo, enchei os corações dos vossos fiéis e acendei neles o fogo do vosso amor. Enviai o vosso Espírito e tudo será criado, e renovareis a face da Terra. Oremos: Ó Deus que instruíste os corações dos vossos fiéis, com a luz do Espírito Santo, fazei que apreciemos retamente todas as coisas segundo o mesmo Espírito e gozemos da sua consolação. Por Cristo, Senhor nosso. Amém.

FUNDAMENTAÇÃO PARA O CATEQUISTA

A palavra "espírito" é a tradução de *rúah* – que, na língua hebraica, significa sopro, respiração, hálito de Deus – e de *pneuma* – que, na língua grega, significa soprar, respirar, vento, espírito aéreo. Talvez este seja para nós o símbolo mais claro do Espírito Santo: não vemos o ar, mas o sentimos; não podemos retê-lo, mas não vivemos sem ele. É o vento impetuoso que nos impele também para as pessoas; não nos deixa ficar acomodados em nossas casas. O Espírito Santo nos impulsiona a fazer o que precisa ser feito, o que faz bem ao mundo.

O Espírito Santo produz em nós frutos, e seus frutos são permanentes: amor, alegria, paz, generosidade, paciência, bondade, benevolência, doçura, domínio de si, justiça, perseverança, mansidão, verdade, pureza (cf. Gl 5,22; Ef 5,9; Rm 14; 2Cor 6,6-7).

O Catecismo nos apresenta os símbolos do Espírito Santo e nos oferece uma imagem de sua ação no mundo:

- **Água:** Simboliza o Espírito em nosso Batismo, que nos faz renascer em Cristo. A água representa pureza, frescor, saciedade, sobrevivência; fomos gestados na água, agora somos gestados em Cristo. Mas o Espírito não é água parada, e sim água de fonte, em movimento. Água parada estraga, fica salobra e só produz o que é ruim. A fonte do Espírito Santo está em você, mesmo que não a sinta.

- **Fogo:** Tem propriedades fundamentais para a vida – o calor, a luz... –, mas fica difícil de controlar quando ateado, pois apresenta um impulso próprio. Pode destruir, mas ajuda a renovar. Assim somos nós guiados pelo Espírito Santo: sentimos arder nosso coração em busca dos ideais; aquecemos e iluminamos o mundo fazendo resplandecer o amor do Pai e os ensinamentos do Filho.

- **Unção (com óleo):** Quando passamos óleo em uma pessoa dizemos que ela foi consagrada, "separada" para desempenhar uma tarefa especial. Ungidos pelo Espírito Santo, somos separados e enriquecidos com seus dons para viver conforme o Messias, o Ungido do Pai.

- **Selo:** Antigamente o selo era usado para identificar uma pessoa, um lugar em suas particularidades. Hoje o usamos como garantia, como atestado de qualidade de algo. Marcados pelo Espírito Santo, somos qualificados como cristãos.

- **Nuvem luminosa:** Que cobre com sua sombra protetora, mas deixa resplandecer a glória do Céu.

- **Mão:** Com a qual transmite a força divina que age no mundo. O gesto de impor as mãos é sinal da efusão do Espírito Santo nas celebrações sacramentais.

- **Dedo:** Com o qual Deus escreve seus preceitos nos corações das pessoas.

- **Pomba:** Que repousa sobre o homem, para que descubra a proteção do Altíssimo.

Na adolescência, descobre-se que é o Espírito Santo quem move silenciosamente as energias vitais, quem orienta a busca e quem dá um horizonte aos problemas. O Espírito, plenitude de vida, é o que faz descobrir o sentido comunitário da fé, guiando pelo caminho do Reino. É aquele que anima o compromisso missionário pelo qual o adolescente descobre sua missão na Igreja e no mundo, e pelo qual poderá traçar o seu próprio projeto de vida, que o levará a uma fé crida, celebrada, testemunhada e rezada.

Reflexão bíblica de João 14,21.23b-26: Podemos dizer que essa passagem sintetiza a razão da nossa fé na unidade da Trindade, e essa relação amorosa manifesta-se em ações. O Pai que ama a humanidade envia o Filho para nossa redenção. O Filho nos apresenta um novo jeito de viver, nos dá exemplos e nos convida a segui-lo. Para ser seguidor de Cristo, entretanto, é fundamental amar. É pelo amor que o discípulo é reconhecido (Jo 13,35). Jesus diz que o amor a Ele é provado pelo seguimento dos seus mandamentos: "Amarás o Senhor teu Deus de todo coração, com toda a alma, com todas as forças e com toda a mente, e ao próximo como a ti mesmo" (Lc 10,27). Por esse compromisso, ciente de sua partida, Jesus promete o Paráclito, que quer dizer o "consolador", o "defensor", para orientar sua Igreja. Não ficaremos sozinhos, Ele afirma ao explicar: "o Paráclito, o Espírito Santo que o Pai enviará em meu nome, ele vos ensinará tudo e vos trará à memória tudo quanto eu vos disse" (Jo 14,26).

Papa Francisco, em sua Homilia de 11 de maio de 2020, nos disse que o ofício do Espírito Santo é ensinar e recordar. É o Espírito Santo que nos ensina a entender Jesus e "desenvolver a nossa fé sem errar" (VATICAN NEWS, 2020). Ele nos ajuda a amadurecer na compreensão da fé e nos inspira ações que o próprio Jesus nos pede. É pelo Espírito, por sua "força" que se move em nós, que desenvolvemos a capacidade de discernir e escolher o que nos aproxima do bem e dos irmãos. É por Ele que somos impelidos a viver a verdade e a justiça.

O Espírito Santo nos faz recordar, em todos os tempos e lugares, o que Jesus nos ensinou. Desperta em nós a memória de quem e do que somos nos planos de Deus, e nos recorda o maior mandamento de Jesus: o amor.

Nesta Homilia, o Papa Francisco ainda disse: "O Espírito é o Dom de Deus. O Espírito é propriamente o Dom. Não vos deixareis sozinhos, vos enviarei um Paráclito que vos sustentará e vos ajudará a seguir adiante, a recordar, a discernir e a crescer" (VATICAN NEWS, 2020). Dom quer dizer "presente". O Pai é amor; o filho é amor; o Espírito é o amor que Pai e Filho trocam entre si, e desejam que chegue até nós.

LEIA PARA APROFUNDAR

- Catecismo da Igreja Católica, números 694 a 701.
- VATICAN NEWS. *O Papa reza pelos desempregados*: o Espírito faz a compreensão da fé crescer. Homilia do Papa Francisco na Casa Santa Marta, 11 de maio de 2020. Disponível em: https://www.vaticannews.va/pt/papa-francisco/missa-santa-marta/2020-05/papa-francisco-missa-santa-marta-coronavirus-desempregados-fe.html. Acesso em: 8 nov. 2021.

O ENCONTRO

MATERIAIS

- ✓ Um selo para cada catequizando conforme modelo. No verso de cada selo, escrever uma palavra nominando os frutos do Espírito (cf. Gl 5,22-23): AMOR, ALEGRIA, PAZ, PACIÊNCIA, AFABILIDADE (amabilidade, gentileza), BONDADE, FIDELIDADE (fé), MANSIDÃO (humildade), CONTINÊNCIA (domínio de si).

PARA INICIAR O ENCONTRO

- Acolha os catequizandos com alegria e introduza o assunto a partir do objetivo do encontro. Destaque o título do tema do encontro e a importância do Espírito Santo em nossas vidas.

CRESCER COM A PALAVRA

- Motive o grupo rezando juntos a oração que está no livro do catequizando. Depois acompanhe a leitura da Palavra: Jo 14,21.23b-26.
- Leia pausadamente o texto ao menos duas vezes.
- Comece a partilha apresentando o contexto da passagem: uma conversa com os amigos durante o jantar, na qual Jesus, sabendo que passará pelo martírio e pela morte, aconselha e orienta os discípulos sobre o que é o seu Reino. Conduza a reflexão, então, para os símbolos com um desafio que ajudará a compreender como produzimos imagens em nosso cérebro.
    - Peça aos catequizandos: "Não pensem em uma árvore". Continue repetindo o pedido. Prossiga dizendo: "Como vocês podem perceber, ao simples som da palavra 'árvore', a nossa mente cria a imagem dela e somos incapazes de controlar o cérebro para que não faça isso. Nosso cérebro está acostumado a responder às informações recebidas por nossos sentidos e pelas memórias que temos registradas".
- Converse com os catequizandos sobre o fato de chegarmos a um tema que é difícil definir, pois o Espírito Santo está mais para as emoções do que para os sentidos. Quando falamos de Deus e de Jesus, nossos sentidos logo produzem a imagem deles, mas quando falamos da Terceira Pessoa da Santíssima Trindade acabamos por nos perguntar: "Quem ou o que é o Espírito Santo?". Nossa mente pode não produzir imagem alguma, por isso recorremos aos símbolos.
- Motive os catequizandos para que observem os símbolos que representam o Espírito Santo. Questione qual dos símbolos representa melhor a imagem que eles têm do Espírito Santo, e peça para explicarem o porquê.
- Explique os símbolos conforme a *Fundamentação para o catequista*. Destaque desse diálogo alguns pontos que podem ajudar a entender o Espírito Santo como a "força" do amor que se move em nós.
- A partir do questionamento no livro do catequizando – "Nas palavras de Jesus, o que o Espírito Santo fará por nós?" –, dialogue sobre o ENSINAR e o RECORDAR.

- ✝ Leia com os catequizandos o texto em seus livros sobre o significado do termo "Espírito Santo". Solicite que sublinhem ou tarjem em seus livros a frase: "Espírito Santo é sopro de Deus no nosso agir".

- ✝ Motive os catequizandos para que escolham, entre aqueles que você irá oferecer, um selo que mais lhes chamou atenção. Oriente para que leiam, pensem e partilhem com o grupo para que todos possam saber quais são os frutos do Espírito, depois peça que registrem em seus livros o que está escrito no selo que receberam.

- ✝ Incentive para que façam uma rápida análise do seu agir e escrevam quais frutos do Espírito Santo precisam ser desenvolvidos em suas atitudes.

CRESCER NO COMPROMISSO

- Comente o que o Papa Francisco disse, em sua em Homilia de 11 de maio de 2020, que o Espírito Santo é como um guia para discernirmos o caminho certo, ajudando-nos em nossas decisões no cotidiano. Depois, convide-os para que, durante esta semana, façam o propósito de pedir ao Espírito Santo que os ajude a desenvolver o fruto do Espírito que sentem estar mais frágil em suas vidas.

CRESCER NA ORAÇÃO

- Antes da oração, converse com os catequizandos sobre o hino *Veni Creator Spiritus,* conforme o texto no livro deles.
- Conclua o encontro convidando os catequizandos para rezarem juntos essa bela oração.

Espiritualidade familiar

EU CREIO, NÓS CREMOS!

Para encerrar o bloco 1, propomos este momento celebrativo para ser realizado antes do rito de entrega do Creio. Esta é uma proposta que faz parte apenas do livro do catequista.

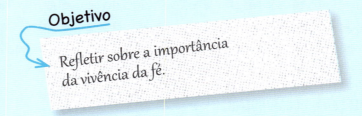

Objetivo
Refletir sobre a importância da vivência da fé.

LEITURA ORANTE

- Como passo importante para o preparo do seu encontro, faça um momento de leitura orante do texto: Mt 5,13-16.

FUNDAMENTAÇÃO PARA O CATEQUISTA

Esta fundamentação é uma proposta para auxiliar no preparo do momento celebrativo. Aqui o catequista pode encontrar ajuda para desenvolver a reflexão e interagir com as famílias.

O Diretório Nacional de Catequese (n. 238) nos lembra de que os pais são os primeiros catequistas de seus filhos, por isso a família é chamada a oferecer as primeiras orientações no processo de educação da fé. Ainda de acordo com o Diretório (n. 240), "a vida familiar é como um horizonte que dá direção ao nosso caminhar".

O Papa Francisco, por sua vez, no documento que publicou sobre as famílias em 2016, nos alerta de que a família precisa ser lugar de apoio e acompanhamento, guiando as gerações (cf. AL, n. 260). Mais especificamente sobre a educação na fé, o Papa diz que "a educação dos filhos deve estar marcada por um percurso de transmissão da fé (...) a família deve continuar a ser lugar onde se ensina a perceber as razões e a beleza da fé, a rezar e a servir o próximo" (AL, n. 287).

PREPARANDO A CELEBRAÇÃO

- Definir dia e horário que as famílias possam participar.

- Os catequizandos devem participar e ajudar com as leituras e a dinâmica.

- Esta espiritualidade pode ser realizada na igreja ou capela. Se optar por uma sala, deve-se prever cadeiras para todos, e que seja um espaço onde se possa realizar a dinâmica. Sugere-se a duração mínima de uma hora.

- Se for conveniente, pode-se unir dois grupos do livro 4. O recomendável, porém, é que cada catequista realize este momento com as famílias de seus catequizandos.

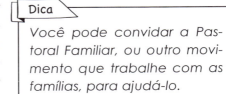

Dica

Você pode convidar a Pastoral Familiar, ou outro movimento que trabalhe com as famílias, para ajudá-lo.

- Peça que todos tragam Bíblia e caneta.

MATERIAIS

✓ Prepare cartões, em forma de marca-páginas, para as famílias de cada catequizando. No cartão escreva: "Vós sois o sal da terra. Vós sois a luz do mundo" (Mt 5,13.14).

✓ Prepare pequenos pacotinhos com um pouco de sal e uma pequena vela como lembranças para as famílias.

✓ Separe algumas canetas para aqueles que não trouxerem.

✓ Providencie um aparelho para a execução da música de meditação.

Material para a dinâmica (esta é a mesma dinâmica proposta no segundo encontro)

✓ Uma vela grande.

✓ Uma vela pequena e um copo (de vidro, para não correr o risco de derreter o plástico) para cada participante.

Combine previamente com quatro catequizandos para ajudá-lo na realização da dinâmica. No desenvolvimento encontra-se a explicação do que os catequizandos precisam fazer.

A CELEBRAÇÃO

- Acolha a todos e destaque a importância da família na catequese e na educação da fé dos catequizandos.

- Convide-os para acompanhar a leitura do Evangelho de Mateus 5,13-16 em suas Bíblias. Sugere-se que a leitura seja realizada por um catequizando.

- Após a leitura em voz alta, peça que, em silêncio, releiam o texto.

- Ajude-os para que aprofundem a meditação com os seguintes passos (sugere-se uma música ambiente):

    - Peça que sublinhem um versículo que lhes chamou atenção.

    - Oriente para se questionarem sobre o cultivo da própria fé.

    - Motive-os para que pensem: O que significa ser sal e luz? Como posso ser sal e luz do mundo e no mundo?

    - Incentive para que reflitam se estão sendo luz na vida de seus familiares.

    - Faça, mais uma vez, a leitura em voz alta. Beije sua Bíblia e convide-os a fazer o mesmo gesto.

- Depois da reflexão bíblica, peça que prestem atenção à dinâmica das velas que será realizada.

- Realize a dinâmica das velas proposta no livro: PUPO, D. R. *Catequese... sobre o que estamos falando?* Petrópolis: Vozes, 2018, p. 44-45.

Desenvolvimento da dinâmica

Passo 1: Distribua para cada participante uma pequena vela. Acenda a maior vela e a coloque à frente de todos. Motive para que pensem no simbolismo da vela, no que ela representa e no seu sentido quando apagada. Peça que prestem atenção na dinâmica a seguir.

Passo 2: As pessoas, avisadas antecipadamente (são quatro pessoas para realizar a dinâmica), realizam os passos:

1. Acende a vela no Círio, olha para todos, apaga a vela e a joga embaixo da mesa.

2. Acende a vela no Círio, olha para todos e se esconde (ou dá as costas para o grupo).

3. Acende a vela no Círio, olha para todos e coloca um copo sobre a vela.

4. Acende a vela no Círio, olha para todos e partilha a luz.

- Com todas as velas acesas, em pé, motive-os a cantar a música *Ilumina* (Padre Zezinho).

- Peça que apaguem as velas.

Conversando sobre a dinâmica

- Oriente todos a voltarem a se sentar.

- Inicie um diálogo a partir do simbolismo da dinâmica (a fundamentação teórica também pode lhe ajudar):

    1. A vela maior representa o sacramento do Batismo e a chama da fé que recebemos.

    2. A primeira vela é apagada e descartada, a fé não é considerada importante.

    3. A segunda vela é abafada, e a fé é sufocada.

    4. A terceira vela prefere se esconder, pois sente vergonha da fé e de suas exigências.

    5. A quarta vela não apenas preserva sua chama, mas a partilha com os demais. Torna-se luz a partir da luz que recebeu.

- Peça que todos reflitam sobre as perguntas: Eu, como batizado, me encontro em qual exemplo? Como pai e mãe, ou responsável, tenho ajudado meu filho a ser luz a partir da luz que ele recebeu no Batismo?

- Se preferir, quem coordena pode optar por propor a realização de uma conversa em pequenos grupos entre os pais ou responsáveis que estejam mais próximos. Depois pode convidá-los a realizarem uma partilha em voz alta.

- Após o momento de partilha, peça que os pais ou responsáveis, em pé, coloquem a mão direita na cabeça de seu filho e rezem por ele (guardar um instante de silêncio).

- Depois peça aos pais ou responsáveis que puderem para se ajoelharem ou se sentarem próximo de seu filho. O catequizando, em pé, coloca as mãos na cabeça dos pais ou responsáveis e reza por eles (instante de silêncio).

- Peça que todos se levantem e se abracem. E enquanto estão abraçados, oriente a repetirem a seguinte oração (quem coordena fala e os demais repetem): *"O Senhor te abençoe e te guarde. O Senhor faça brilhar sobre ti sua face, e se compadeça de ti. O Senhor volte para ti sua face e te dê a paz"* (Nm 6,24-27).

Anotações

LEMBRETE

Não se esqueça de entregar o cartão que foi preparado como lembrança para esta espiritualidade.

ENTREGA DO SÍMBOLO DA FÉ

Celebração comunitária

Objetivo

Compreender que nossa fé é professada e celebrada em comunidade.

LEITURA ORANTE

- Como esta é uma celebração comunitária, sugere-se que as leituras bíblicas sigam o ciclo litúrgico. No entanto, como passo importante para o preparo desse momento, convém realizar a leitura orante do texto: Cl 2,1-8.

FUNDAMENTAÇÃO PARA O CATEQUISTA

Este é um momento comunitário. O rito de entrega do Creio, nosso símbolo da fé, faz parte do catecumenato antigo, por isso podemos dizer que é uma das celebrações mais antigas de que temos notícia. O RICA assim nos apresenta esse momento: "No decorrer do tempo do catecumenato, faça-se a entrega do Símbolo. O momento oportuno poderia ser escolhido segundo a evolução da catequese, de forma que coincida com a instrução sobre as verdades fundamentais da fé cristã e o modo de vivê-las no dia a dia" (RICA, n. 184).

O sentido desta celebração é ajudar os catequizandos a perceberem que a fé professada é também celebrada em comunidade e com a comunidade, lugar por excelência da profissão, celebração e vivência da fé. Este momento quer, de certa forma, marcar o processo de amadurecimento da fé quando nos dispomos a assumir na vida as palavras que compõem a profissão de fé de nossa comunidade. As fundamentações teóricas deste bloco 1 lhe ajudarão a refletir melhor sobre a fé como resposta ao Deus que se revela e como crença na Trindade, fundamento de nossa fé cristã.

Vale uma explicação sobre o motivo de denominar o Creio como símbolo da fé: enquanto a palavra "creio" pode ser entendida como uma fórmula que apenas sintetiza os aspectos doutrinais da nossa fé, por "símbolo" compreendemos que ao professar nossa fé, nos colocamos em uma relação dialogal com o Deus que se revela Uno e Trino, bem como com a comunidade de seus filhos e filhas, que é a Igreja.

MATERIAIS

✓ Seria conveniente preparar, antecipadamente, as orações do Creio em cartões separados, que serão entregues para os catequizandos.

PREPARANDO A CELEBRAÇÃO

- Por ser um rito que deve se inserir na liturgia comunitária, seja Eucarística ou da Palavra, apresentamos apenas o rito em si, que deve ser realizado após a Homilia ou reflexão da Palavra.
- Recomenda-se que este rito seja realizado com a presença de toda a comunidade. Por isso o melhor momento é a Celebração Eucarística com a comunidade.
- Pode-se reunir todos os catequizandos do livro 4, mas é possível fazer com os grupos separados. Indispensável é a presença das famílias dos catequizandos.
- A liturgia segue a do calendário litúrgico. Os catequistas precisam prepará-la com antecedência, colocando-se de acordo com o Padre e a equipe de liturgia e cantores do final de semana em que se realizará o rito de entrega.
- É preciso que, no início da celebração, seja feita uma breve explicação sobre a presença do grupo dos catequizandos.

- Os catequizandos podem entrar em procissão no início da celebração, se houver. Deve-se reservar os bancos para que eles possam se sentar durante a celebração.
- Durante a Homilia, quem preside faz a ligação da liturgia com este momento da caminhada dos catequizandos e destaca a importância do Creio para a catequese e a profissão de fé, que deve ser proclamada no Batismo e praticada durante toda a vida.
- Após a Homilia, a comunidade permanece sentada enquanto quem preside dialoga com os catequizandos.

O RITO

1. ENTREGA DO SÍMBOLO (ORAÇÃO DO CREIO)

Depois da Homilia, o catequista diz:

Aproximem-se os catequizandos para receberem da Igreja o Símbolo da Fé.

Os catequizandos se dirigem até o presbitério e se voltam para a comunidade. Quem preside dirige aos catequizandos estas palavras ou outras semelhantes:

Presidente: Caríssimos, agora vocês receberão as palavras de fé pela qual serão salvos. São poucas, mas contêm grandes mistérios. Recebam e guardem essas palavras com pureza de coração.

Após estas palavras, quem preside pode chamar um (ou mais, se o grupo for grande) e entregar, simbolicamente, o cartão com a oração do Creio (se o número de catequizandos permitir, todos poderão receber das mãos do sacerdote o cartão com a oração). Após a entrega, quem preside convida a comunidade para colocar-se em pé e, juntamente com os catequizandos, professarem a própria fé.

Terminada a profissão de fé, o ministro, os catequistas ou o diácono, onde houver, convida os catequizandos a se ajoelharem, dizendo:

Prezados catequizandos, ajoelhem-se para a oração sobre vocês.

Quem preside convida para a oração com estas palavras, ou outras semelhantes:

Presidente: Oremos pelos nossos catequizandos:

Que o Senhor nosso Deus abra os seus corações e as portas da misericórdia para que, perdoados os seus pecados, sejam incorporados no Cristo Jesus.

Todos rezam em silêncio. Quem preside, de mãos estendidas sobre os catequizandos, diz:

Presidente: *Senhor, fonte da luz e da verdade, imploramos vosso amor de Pai em favor destes vossos servos. Purificai-os e santificai-os; dai-lhes verdadeira ciência, firme esperança e santa doutrina para que vivam plenamente a vida em Cristo. Por nosso Senhor Jesus Cristo, que vive e reina convosco e com o Espírito.*

Todos: Amém.

Segue a celebração normalmente.

BLOCO 2

FÉ CELEBRADA

6 Ritos da missa: Passos para um encontro com o Senhor

7 Gestos e posições do corpo: Instrumentos para a comunhão com Deus

8 Bendito seja Deus que nos reuniu no amor de Cristo

Gincana litúrgica: A fé celebrada

Encontro celebrativo
O dom do amor e do serviço

Neste segundo bloco a proposta é se concentrar na dimensão celebrativa da fé. Por isso a liturgia, com seus gestos, símbolos, posturas e ciclos litúrgicos, é o que forma a base dos encontros. Propomos um caminho de encontro com o Senhor que inicia com a compreensão dos ritos da Celebração Eucarística, bem como da contribuição dos gestos e das posições do corpo na comunhão com Deus. Bem sabemos que o Ano Litúrgico, da maneira como é organizado, é um ponto de unidade para a celebração em nossa Igreja, de modo que é importante ajudar os adolescentes a compreenderem melhor os ciclos litúrgicos.

Ao final deste bloco, é proposta uma gincana litúrgica que convida catequistas e adolescentes a fixarem os conteúdos estudados de maneira interativa e divertida. Como fechamento do bloco de conteúdos apresenta-se a proposta de um encontro celebrativo, recordando a importância das celebrações no itinerário catequético e no processo de crescimento da fé.

RITOS DA MISSA: PASSOS PARA UM ENCONTRO COM O SENHOR

6

Objetivo

Compreender que o rito da Celebração Eucarística é um momento de encontro e intimidade com Jesus.

LEITURA ORANTE

- Como passo importante para o preparo do seu encontro, faça um momento de leitura orante do texto: 1Cor 11,23-26.

- Propomos também que durante a semana, até o dia do encontro, realize a oração:

    Senhor, Deus de infinita bondade e de imenso amor, que eu jamais esqueça de dar-vos graças pelo dom de vosso Filho Jesus, que se fez alimento para minha vida. Que eu procure constantemente participar da missa, oferecendo-me com vosso Filho e aperfeiçoando minha união convosco e com os irmãos.

FUNDAMENTAÇÃO PARA O CATEQUISTA

A Celebração Eucarística, que mais comumente chamamos de missa, não é uma simples celebração humana, mas fruto da vontade de Jesus de encontrar-se conosco. Participar da missa é responder positivamente ao convite de amor feito na vida da Igreja, na vida da família e na vida de cada cristão. A presença de Cristo na Celebração Eucarística manifesta-se na pessoa do celebrante (o padre), na Palavra, na oração, no canto e na comunidade que celebra.

Identificamos na Celebração Eucarística momentos distintos, que chamamos de ritos, isto é, "um conjunto de ações simbólicas repetidas e adotadas por determinado grupo, e que define sua identidade" (BUYST, 2007, p. 23). Embora cada rito tenha o seu significado, é preciso entender a celebração como um todo, sem divisões ou exclusões. Precisamos estudar os ritos para melhor compreender a celebração como um momento de encontro e intimidade com o Senhor.

RITOS INICIAIS: Iniciamos a missa com a acolhida do presidente da celebração (padre) com o sinal da cruz, sinal do cristão, colocando a nossa vida e todas as nossas ações nas mãos da Santíssima Trindade. Na sequência somos convidados a nos reconhecer necessitados da misericórdia de Deus e pedir que nos ajude a ouvir, a aprender a sua Palavra e a receber dignamente Jesus presente na Eucaristia. Depois cantamos com alegria o Hino de Louvor, o Glória (menos nos tempos do Advento e da Quaresma), e então o presidente da celebração, por meio da oração da coleta, reúne as intenções de cada um para a missa.

LITURGIA DA PALAVRA: A Palavra de Deus, proclamada na assembleia reunida, se faz nosso alimento e ilumina a comunidade para que seu sentido seja compreendido por todos. Na Liturgia da Palavra dominical encontramos: primeira leitura, quase sempre retirada do Antigo Testamento; salmo responsorial, que é nossa resposta a Deus, aceitando e concordando com sua Palavra; segunda leitura, retirada do Novo Testamento, que ajuda a comunidade a conhecer melhor a missão de Jesus; Proclamação do Evangelho, que é a Boa-Nova de Jesus; Homilia, explicação e atualização da Palavra proclamada para a nossa vida hoje; Profissão de fé, quando afirmamos (professamos) publicamente aquilo em que acreditamos, as verdades da nossa fé, e afirmamos que cremos na Palavra ouvida, de modo que queremos colocá-la em prática; e a Oração da assembleia ou oração universal, quando a comunidade dirige suas preces a Deus colocando em suas mãos as necessidade da Igreja, dos doentes e da própria comunidade.

LITURGIA EUCARÍSTICA: Tendo ouvido e acolhido o ensinamento de Jesus, podemos nos reunir à volta da mesa eucarística (altar) onde

Ele se faz alimento. A comunidade reunida participa da refeição do pão e do vinho que se tornam Corpo e Sangue de Cristo. Quando recebemos a Eucaristia participamos da vida, morte e ressurreição de Jesus, assim como de sua missão. A estrutura da Liturgia Eucarística repete a Última Ceia de Jesus:

- **Apresentação dos dons** – O altar é preparado para oferecer o sacrifício de Jesus a Deus. Pão e vinho, frutos do trabalho humano, são apresentados junto com a nossa vida. A oferta material é sinal da generosidade da gratidão do povo.

- **A Oração Eucarística** – momento em que somos convidados pelo sacerdote a elevar nossos corações a Deus. Quem preside a celebração pede ao Pai que envie seu Espírito Santo sobre o pão e o vinho para que se tornem Corpo e Sangue de Jesus Cristo, e para que a assembleia seja um só corpo e um só espírito. As palavras de Jesus na Última Ceia são repetidas pelo sacerdote.

- **Oração do Senhor** – Rezamos juntos o Pai-nosso.

- **Saudação da comunidade** – Saudamo-nos com a paz de Cristo.

- **A Comunhão** – É o momento de receber o Corpo e o Sangue de Cristo e, também, comungar com sua vida e missão, com suas opções; implica tornar-se como Cristo no mundo em que vivemos e agir, em nosso dia a dia, como Ele agiu.

RITOS FINAIS: A missa termina com a bênção e o envio para anunciar o Deus que age em nossa história e caminha conosco, até que todas as pessoas o reconheçam como o seu Senhor. A comunidade se despede e segue para viver a missa no dia a dia, disposta a continuar a missão de Jesus no mundo.

A palavra *liturgia* significa, originalmente, "obra pública", algo a serviço do povo e em favor do povo. Na tradição cristã, ela significa que o povo toma parte na obra de Deus. Pela liturgia, Cristo, nosso redentor e sumo sacerdote, continua em sua Igreja, com ela e por ela, a obra de nossa redenção.

No Novo Testamento, *liturgia* significa também o anúncio do Evangelho e a caridade. Na celebração litúrgica, a Igreja é serva à imagem do seu Senhor, participando de seu sacerdócio (culto), de seu profetismo (anúncio) e da sua realeza (serviço da caridade).

Reflexão bíblica de 1Cor 11,23-26: Este texto bíblico é uma das mais antigas narrações da Última Ceia quando, pela primeira vez, Cristo celebrou a Eucaristia com seus discípulos. É uma ação simbólica que devemos realizar sempre, celebrando sua memória, agradecendo, comendo e bebendo em comunidade, ficando unidos, identificando-nos e comprometendo-nos com seu projeto.

As palavras de Jesus são repetidas pelo sacerdote no momento da consagração quando acontece o milagre da transubstanciação, ou seja, quando o pão e o vinho se tornam Corpo e Sangue de Cristo. Esse milagre não é possível explicar, é um mistério que deve ser acolhido na fé. Não podemos esquecer que nós cristãos celebramos a Eucaristia desde as origens, a qual, em sua essência, não foi alterada, porque temos consciência de estarmos ligados ao mandato de Jesus na Última Ceia.

Jesus escolheu ficar conosco, e mostrou-nos o caminho para estar com Ele: comungar seu Corpo e Sangue e partilhar sua vida e missão. Peçamos, pois, que Ele nos ajude a crer, a treinar nosso coração para reconhecê-lo na fração do Pão.

Depois de ler a fundamentação, reflita um pouco. Para ajudá-lo, apresentamos algumas questões:

1. Sinto-me verdadeiramente motivado a participar da Celebração Eucarística?
2. Procuro viver a Eucaristia no meu dia a dia?

LEIA PARA APROFUNDAR

- Catecismo da Igreja Católica, números 1069 a 1071.

O ENCONTRO

MATERIAIS

✓ Cartolina, pincéis atômicos ou canetinhas coloridas.

PARA INICIAR O ENCONTRO

- Comente que abordaremos a missa como um meio para realizar o encontro com o Senhor. Explore o texto introdutório explicando que foi Jesus quem ensinou seus discípulos a celebrarem, e nós continuamos realizando esta experiência ao repetir seus gestos e palavras para celebrar em comunidade.

CRESCER COM A PALAVRA

- Acolha os catequizandos e oriente para que se sentem de maneira confortável e segurem a Bíblia.

- Peça para que fechem os olhos e imaginem Jesus sentado ao lado deles. Motive-os a rezar, em silêncio, pedindo que o Senhor os ilumine para que possam ler a Bíblia com atenção e carinho.

- Convide-os a acompanhar a leitura do texto: 1Cor 11,23-26.

- Após a leitura deixe alguns instantes de silêncio. Depois peça para que releiam o texto em suas Bíblias e respondam às perguntas da atividade 1.

- Com base no texto do livro do catequizando, ajude o grupo a realizar a seguinte atividade: divida os catequizandos em quatro grupos menores; cada um será responsável por preparar um cartaz explicando um dos quatro momentos da missa. Em seguida, oriente que os catequizandos partilhem as respostas com os demais grupos. Se necessário, ajude-os esclarecendo melhor as partes de cada momento e a importância de todo o conjunto para a celebração.

- Após a apresentação dos grupos, motive-os a escrever, na atividade 2, uma conclusão sobre o que descobriram e aprenderam.

CRESCER NA ORAÇÃO

- Oriente os catequizandos a relerem, em silêncio e cada um em sua Bíblia, o texto: 1Cor 11,23-26.

- Motive-os a rezar juntos a oração que está no livro do catequizando.

CRESCER NO COMPROMISSO

- Oriente e incentive para que, em casa, cada um converse com a família sobre o que aprendeu a respeito da missa. Peça ao grupo para explicar aos familiares a importância de toda a celebração e motivá-los a participar da missa juntos. Peça que escolham um compromisso e o registrem no livro.

LEMBRETE

Até o próximo encontro, oriente-os a participar de uma Celebração Eucarística e prestar atenção aos gestos e às posições do corpo do padre e da assembleia. Peça que anotem as observações e tragam no próximo encontro.

Dica

Caso não seja possível participar presencialmente de uma Celebração Eucarística, pode-se sugerir que participem de uma missa transmitida pelas redes sociais ou televisão.

GESTOS E POSIÇÕES DO CORPO: INSTRUMENTOS PARA A COMUNHÃO COM DEUS

7

Objetivo

Identificar os gestos e as posições do corpo na celebração, assim como a sua contribuição na comunhão com Deus.

LEITURA ORANTE

- Como passo importante para o preparo do seu encontro, faça um momento de leitura orante do texto: 2Sm 6,1-3a.5.

- Propomos também que durante a semana, até o dia do encontro, realize a oração:
  Senhor, Pai de bondade, que a exemplo do rei Davi saibamos louvar seu nome com todo o nosso ser. Que nossas mãos, braços e pés se coloquem a serviço da sua vontade e do seu amor. Amém.

FUNDAMENTAÇÃO PARA O CATEQUISTA

Originalmente a palavra *liturgia* significa "obra pública, serviço da parte do povo e em favor do povo. Na tradição cristã ela quer significar que o povo de Deus toma parte na obra de Deus" (CIgC, n. 1069). Com base nessa definição apresentada pelo Catecismo, podemos acrescentar que se trata de uma ação comunitária de todo o povo de Deus, na qual somos chamados a participar de maneira consciente, ativa e afetiva (cf. SC, n. 14), por isso entendemos os gestos e ritos realizados durante a celebração como uma ação litúrgica.

No contexto religioso, a liturgia refere-se à dimensão celebrativa da fé. De fato, as religiões utilizam em seus ritos gestos, sons e palavras que têm a função de ajudar as pessoas a realizarem o seu encontro, a sua proximidade com Deus, a manifestarem a sua fé, a expressarem suas práticas religiosas tanto individual quanto coletivamente.

A liturgia cristã é bastante simbólica, e por símbolo entendemos um sinal visível com a força de tornar presente uma realidade escondida ou invisível, porém cheia de significado para nós. É algo que nos faz lembrar de alguém ou de algum acontecimento, ajudando-nos a compreender e sentir o que não podemos ver ou assimilar totalmente.

A liturgia é também chamada de "ação de graças", ou seja, um momento em que nos voltamos a Deus para louvá-lo e agradecer sua presença amorosa em nosso meio e seu cuidado de Pai. Entre as várias formas de celebração e louvor a Deus, destaca-se a Celebração Eucarística como o centro de toda a vida cristã, tanto para a comunidade quanto para cada um dos fiéis, pois nela se encontra o ápice da ação santificadora de Deus.

Ao participarmos de uma ação litúrgica em nossa comunidade, seja a missa, seja a celebração de outro sacramento, devemos lembrar que "todos os fiéis sejam levados àquela plena, cônscia e ativa participação" (SC, n. 14). Afinal, para bem participarmos das Celebrações Eucarísticas é necessário estarmos presentes com todo o nosso ser e dedicada atenção. De fato, corpo, mente e coração se unem por um mesmo desejo: louvar e bendizer a Deus com a comunidade.

As ações em uma celebração são bem definidas. Nossa experiência nos mostra que ao padre, enquanto presidente da celebração, cabe algumas partes exclusivas, e isso acontece porque ele age como representante de Cristo que dirige orações a Deus em nossos nomes. Algumas orações são proferidas em voz alta e devem ser ouvidas por todos, visto que o padre reúne as preces dos fiéis e as oferece a Deus; em outros momentos ele faz isso em silêncio, pois não reza apenas pelos fiéis, mas também em seu nome.

Para melhor compreender nossa participação, queremos falar das posições do corpo e dos gestos usados na Celebração Eucarística.

Gestos e posições do corpo na celebração

Por se tratar de um ato comunitário, participar da missa também requer gestos e posições do corpo que colaboram na dinâmica da celebração. Vejamos quais são:

Estar em pé: sinal de alerta, prontidão, liberdade e disponibilidade. Quando devemos ficar em pé?

- Do início do Canto de entrada até a Oração do dia.
- Na Aclamação e Proclamação do Evangelho.
- Na Profissão de fé e nas preces da comunidade.
- Na oração sobre as oferendas e na Oração Eucarística.
- Na Oração do Pai-nosso e na Bênção final.
- No momento da Comunhão sacramental. Lembramos que a orientação atual da Igreja para receber a comunhão é em pé e na mão. Tal orientação ocorre pelo grande número de comungantes, de modo que poderia gerar confusão se cada um se ajoelhasse para receber a comunhão.

Estar sentado: sinal de disponibilidade para escutar Deus que fala conosco e com Ele conversar, sinal de tranquilidade e concentração. Quando devemos ficar sentados?

- Antes de iniciar a celebração (momento de silêncio e oração).
- Durante as leituras, salmo e homilia.
- Enquanto se preparam os dons no ofertório.
- Após a Comunhão.

Estar de joelhos: sinal de adoração, reverência e profundo respeito ao mistério que se celebra; demonstra confiança no Senhor. Quando nos ajoelhamos?

- A consagração é o momento principal para nos ajoelharmos. No entanto, caso falte espaço ou outras razões nos impeçam, podemos ficar em pé.
- Após a Comunhão há quem escolha ficar de joelhos para um momento de oração pessoal. No entanto é opcional, visto que após comungar podemos nos sentar e rezar em silêncio.

Segundo o Papa Bento XVI (2008),

> Ajoelhar-se diante da Eucaristia é profissão de liberdade: quem se inclina a Jesus não pode e não deve prostrar-se diante de nenhum poder terreno, mesmo que seja forte. Nós, cristãos, só nos ajoelhamos diante do Santíssimo Sacramento, porque nele sabemos e acreditamos que está presente o único Deus verdadeiro, que criou o mundo e o amou de tal modo que lhe deu o seu Filho único (cf. Jo 3,16).

Reflexão bíblica de 2Samuel 6,1-3a.5: No texto bíblico acompanhamos o translado da Arca da Aliança, importante símbolo religioso para os israelitas, pois representava a morada de Deus no meio do povo. Era como se o próprio Deus estivesse presente onde estava a Arca.

Por muito tempo os israelitas sofreram pelo fato de o maior símbolo de sua fé estar em terra estrangeira. Por isso, ao vencerem o exército inimigo e recuperarem a Arca da Aliança, o júbilo tomou conta de todos e Davi organizou o translado para Jerusalém. Foi uma bela procissão, com cantos e danças, e o próprio Davi seguiu à frente dançando e cantando para manifestar sua alegria.

A atitude dos israelitas nos mostra que todo o nosso ser pode ser instrumento de louvor e, quando nos colocamos diante de Deus, não podemos agir como robôs. Em uma celebração litúrgica somos convidados a participar de cada momento com a mesma concentração e intenção de Davi nesse texto, pois todo o nosso ser é convidado a colocar-se diante de Deus e rezar, cantar e louvar a grandeza divina.

Embora haja momentos que exigem de nós concentração e silêncio, a Celebração Eucarística não é um evento triste. Estamos na casa do Senhor, e Ele está em nosso meio, por isso chamamos de *celebração* – este é o nosso encontro com o Senhor que nos quer falar e escutar.

Depois de ler a fundamentação, reflita um pouco. Para ajudá-lo, apresentamos algumas questões:

1. O que você, catequista, compreende por liturgia?
2. Você já analisou as posições do seu corpo durante uma celebração?
3. O que significam os gestos que você é convidado a realizar?
4. Como ajudar seus catequizandos a compreenderem a beleza de participar ativamente da Celebração Eucarística?

LEIA PARA APROFUNDAR

- Introdução Geral do Missal Romano, números 1 a 22.

O ENCONTRO

MATERIAIS

✓ Três tarjas de papel, de tamanho grande. Em cada uma, escrever as seguintes palavras: SENTADOS, EM PÉ, AJOELHADOS.

✓ Tarjas pequenas, em branco, para que os catequizandos possam escrever.

✓ Pincéis atômicos ou canetinhas coloridas.

PARA INICIAR O ENCONTRO

- Comece seu encontro acolhendo a todos.

- Explore o texto introdutório do livro do catequizando conversando sobre a participação na celebração litúrgica e o envolvimento da comunidade que participa em unidade usando sons, palavras, gestos e símbolos para realizar o seu encontro, a sua proximidade, com Deus e expressar a sua fé. Destaque que tal expressão não acontece unicamente durante a celebração da liturgia da missa, mas se estende no decorrer de outros momentos.

- Motive-os para um momento de oração questionando sobre a posições do corpo que eles assumem ao rezar. Incentive-os a pensar se rezam sentados, deitados, de joelhos, com os braços cruzados etc.
- Convide-os para, em um instante de silêncio, apresentarem em seus corações a intenção para a oração. Rezem o Pai-nosso de mãos dadas.

CRESCER COM A PALAVRA

- Mencione a Arca da Aliança como o símbolo da fé dos israelitas. Convide todos para lerem, em suas Bíblias, o texto: 2Sm 6,1-3a.5 e conhecerem o que acontece quando a recuperam.

- Oriente-os para que realizem a atividade 1 no livro do catequizando, relendo o texto bíblico e respondendo às perguntas. Se achar conveniente, faça uma breve partilha das respostas.

- Converse com os catequizandos sobre o estudo que fizeram das posições do corpo na missa e relacione-as com o exemplo de Davi, destacando o texto do livro e fazendo comentários sobre como ele louvou a Deus com todo o seu ser. Destaque que ele cantou e dançou enquanto a Arca da Aliança era levada para Jerusalém, de modo que nós somos igualmente convidados a participar ativamente da Celebração Eucarística por meio de nossos gestos e posições corporais.

- Para realizar a atividade 2, organize os catequizandos em três grupos. Cada grupo deve receber uma das tarjas grandes de papel e várias tarjas pequenas em branco. Peça aos catequizandos para que, a partir do estudo que fizeram sobre as posições do corpo na missa, identifiquem os momentos que correspondem ao que está escrito na tarja recebida (sentados, em pé, ajoelhados). Oriente-os a escrever nas tarjas menores em quais momentos assumimos aquela posição. Motive os grupos a partilharem o estudo realizado e depois, individualmente, registrarem os momentos relativos a cada posição do corpo.

CRESCER NO COMPROMISSO

- Neste encontro propomos que a motivação para o compromisso seja realizada antes do item *Crescer na oração*, pois o momento orante será a conclusão.

- Motive-os para que, durante a semana, retomem o texto de 2Sm 6,1-3a.5 e, com a ajuda de sua família, componham uma oração pedindo a Deus que os ajude a servi-lo de corpo, mente e coração, sem perder a alegria e o entusiasmo.

- Peça para que registrem as suas orações no livro.

CRESCER NA ORAÇÃO

> **Dica**
>
> Se possível, conduza os catequizandos até a igreja ou capela do Santíssimo. Peça que levem a Bíblia. Na igreja, ou capela, sentem-se próximos do Sacrário. Caso não seja possível ir até a igreja ou capela, realize o momento de oração na sala do encontro.

- Incentive os catequizandos a pensarem sobre seus motivos pessoais para louvar a Deus.

- Releia para eles o texto de 2Sm 6,1-3a.5 e relacione a Arca da Aliança com o Sacrário. Destaque que hoje o Sacrário representa para nós a morada do Senhor em nosso meio, e que Ele nos acolhe sempre que desejamos visitá-lo.

- Explique que a oração será com o Salmo 150 e ajude-os a encontrá-lo na Bíblia.

- Peça para se colocarem em pé e rezarem juntos o Salmo 150. Destaque que, assim como o salmo convida a louvar o Senhor com todo tipo de instrumento, nós somos convidados a louvá-lo com todo o nosso ser.

- Encerre o momento com a oração do Pai-nosso, de mãos dadas.

8 BENDITO SEJA DEUS QUE NOS REUNIU NO AMOR DE CRISTO

Objetivo

Compreender o Ano Litúrgico e sua organização como ponto de unidade para a celebração na Igreja Católica.

LEITURA ORANTE

- Como passo importante para o preparo do seu encontro, faça um momento de leitura orante com o texto: Fp 2,5-11.

- Propomos também que durante a semana, até o dia do encontro, realize a oração:

  Senhor Deus, Pai de bondade, que me chamaste ao ministério da catequese para anunciar vosso Filho, fazendo-o mais conhecido e adorado, concedei-me a graça de configurar-me sempre mais a Jesus, testemunhando vosso amor aos meus catequizandos. Amém.

FUNDAMENTAÇÃO PARA O CATEQUISTA

A Igreja, como mãe cuidadosa, por meio da organização do Ano Litúrgico, ajuda-nos a viver como Jesus e a participar da vida em Cristo, celebrando, ao longo do ano, todos os mistérios da nossa redenção. Viver o Ano Litúrgico é celebrar os acontecimentos da vida como dom de Deus e a nossa colaboração com Ele na obra de salvação; é unir-se com Cristo e com toda a humanidade.

A cada ano, a liturgia percorre o caminho que vai da espera do Salvador (Advento) à realidade final (morte e ressurreição de Jesus), tendo como fio condutor: no Ano A, Mateus; no Ano B, Marcos; no Ano C, Lucas.

Entre os dias da semana, o domingo é considerado, desde o início do cristianismo, o Dia do Senhor e o fundamento/núcleo do Ano Litúrgico, visto que na manhã de um domingo aconteceu a ressurreição de Jesus. Ao longo de nossa história, esse dia foi elevado como o principal para a Celebração da Eucaristia, momento no qual a família cristã é convidada a reunir-se em assembleia litúrgica para celebrar (cf. ClgC, n. 1193).

O Ano Litúrgico apresenta dois grandes momentos: o Ciclo do Natal e o Ciclo Pascal, entre os quais encontramos o Tempo Comum, dividido nos períodos após o Ciclo do Natal e após o Ciclo Pascal.

CICLO DO NATAL

O Ciclo do Natal é formado pelo Tempo do Advento e o Natal. Nesse período celebramos os mistérios da Encarnação e do Nascimento de Jesus. As cores usadas na liturgia são roxo e branco. O Advento é marcado por duas características: a preparação para a celebração do Natal, na qual comemoramos o nascimento de Jesus, e o fato de os corações se voltarem para a expectativa da segunda vinda de Cristo no final dos tempos. O Advento se inicia quatro domingos antes da celebração do Natal e se encerra no dia 24 de dezembro. É um tempo marcado pela esperança e pelo desejo de que Cristo se manifeste na nossa história. O Tempo do Natal, se inicia com a celebração do Natal e vai até a festa do Batismo de Jesus. É um momento marcado por alegria, paz e empenho na construção de um mundo novo.

CICLO DA PÁSCOA

O Ciclo da Páscoa é formado pelo Tempo da Quaresma e o Tempo Pascal. Os mistérios que celebramos são a Paixão, Morte e Ressurreição de Jesus. As cores usadas na liturgia são roxo, vermelho e branco. A Quaresma é o tempo de conversão e preparação para a celebração da Páscoa. Nesse período somos convocados a praticar a oração, o jejum e a caridade. O Tempo Pascal se inicia com a celebração do Domingo da Ressurreição de Jesus e se prolonga por 50 dias até a Solenidade de Pentecostes. Por meio da reflexão sobre o mistério da Ressurreição de Jesus, somos convidados a nos tornar suas testemunhas com nossas palavras e obras.

CICLO COMUM

O Ciclo Comum é dividido em duas partes: a primeira vai da Festa do Batismo de Jesus até a Quarta-Feira de Cinzas, já a segunda vai da celebração de Pentecostes até a Festa de Cristo Rei. Nesse tempo somos convidados a refletir sobre a vida e os ensinamentos de Jesus. A cor usada na liturgia é a verde. No Ciclo Comum, a liturgia volta a celebrar a atividade pública de Jesus e nos ajuda a crescer em nossa fé, por meio da escuta da Palavra.

Na celebração anual dos mistérios de Cristo, a Igreja venera com especial amor a Mãe de Deus que, por um vínculo indissolúvel, está unida à obra salvífica de seu Filho. E no decorrer do ano se inseriram também as memórias dos mártires e dos outros santos.

Reflexão bíblica de Filipenses 2,5-11: O texto bíblico escolhido para este encontro nos mostra que Jesus se despojou de toda glória para assumir nossa condição humana. É um resumo de sua Vida, Paixão, Morte e Ressurreição.

A parte central do texto é o convite para cultivarmos os mesmos sentimentos de Cristo e imitarmos seu agir. Por isso é tão importante participar das celebrações litúrgicas, pois elas nos ajudam a aprofundar o conhecimento de Jesus e a intimidade com Ele para que, ao longo da vida, possamos aprender a pensar, sentir e agir segundo seu exemplo e inspiração.

Depois de ler a fundamentação, reflita um pouco. Para ajudá-lo, apresentamos algumas questões:

1. Qual a principal característica do Ano Litúrgico?
2. Procuro ter "o mesmo sentir e pensar" de Jesus?
3. Testemunho com firmeza e alegria que Cristo é o meu Senhor diante de meus catequizandos?

O ENCONTRO

- Prepare a sala para que todos formem um círculo. No centro coloque a Bíblia em destaque e algumas flores.

PARA INICIAR O ENCONTRO

- Leia o texto introdutório do livro do catequizando e motive uma conversa sobre o Ano Litúrgico, questionando o que eles sabem a respeito do tema do encontro.

CRESCER COM A PALAVRA

- ✝ Motive os catequizandos para a leitura de Fp 2,5-11. Destaque que o texto nos convida a ter os mesmos sentimentos de Cristo. Enfatize que, se acompanharmos o Ano Litúrgico com a Igreja, faremos a experiência de nos tornar mais parecidos com Jesus, aprendendo a viver como Ele.
- ✝ Oriente-os a realizar a atividade 1.
- ✝ Motive-os a ler o texto sobre os ciclos do Ano Litúrgico, que estão no livro do catequizando, e ajude-os a realizar a atividade 2.

CRESCER NA ORAÇÃO

- Incentive-os a ler novamente o texto de Fp 2,5-11 e escrever uma prece ao Senhor. Se achar oportuno, pode motivar uma partilha das preces como oração.

CRESCER NO COMPROMISSO

- Motive os catequizandos para que, durante a semana, releiam com suas famílias o texto sobre o Ano Litúrgico. Peça que identifiquem qual ciclo estamos vivendo. Oriente-os a conversar com a família sobre como podem participar melhor das celebrações em sua comunidade, e sobre qual atitude é possível realizar para testemunharem os ensinamentos de Jesus. Peça para registrarem a experiência.
- Recorde-os de que são responsáveis pela escolha do versículo a ser escrito no rodapé do livro.

> **LEMBRETE**
> Se você optar por realizar a gincana litúrgica no próximo encontro, é preciso prever um tempo para explicar aos catequizandos as tarefas a serem realizadas durante a semana para as provas.

GINCANA LITÚRGICA: A FÉ CELEBRADA

Proposta para encerramento do bloco, antes da celebração.

COM QUEM: Catequizandos de um ou mais grupos do livro 4. Importante que todos tenham realizado os encontros do segundo bloco.

QUANDO: Pode-se realizar no dia do encontro ou escolher outro momento (caso reúna mais de um grupo do livro 4). Duração mínima de uma hora.

ORIENTAÇÕES GERAIS:

- Pode-se pedir ajuda para coordenadores de grupos de adolescentes ou de jovens para a realização da dinâmica.
- Providencie que os catequizandos se preparem antecipadamente para as provas descritas na sequência, que requerem pesquisa.
- Decida dia, local e horário antes, principalmente se envolver outros grupos do livro 4.
- Divida os grupos e defina se terá alguma "premiação".
- Avise que os catequizandos precisarão dos livros.
- Ao final da gincana pode-se realizar um momento de confraternização com lanche partilhado.

PROVAS PARA A GINCANA

PROVA 1: JOGO DOS DESENHOS

- Prepare folhas de tamanho A4, canetinhas coloridas, pincéis atômicos, lápis de cor e giz de cera.
- Prepare para cada grupo as seguintes orientações:

1. Vocês precisam desenhar um símbolo que represente o TEMPO DO ADVENTO e o TEMPO DO NATAL.
2. Vocês precisam desenhar um símbolo que represente o TEMPO DA QUARESMA e o TEMPO PASCAL.
3. Vocês precisam desenhar um símbolo que represente o TEMPO COMUM.

- Depois de desenharem, os grupos deverão apresentar para os demais e explicar o que sabem sobre o ciclo litúrgico estudado.

PROVA 2: ADIVINHE A MÍMICA

- Escreva em papelotes as seguintes palavras:
  - GLÓRIA
  - PRIMEIRA LEITURA
  - EVANGELHO
  - SALMO
  - CONSAGRAÇÃO
  - COMUNHÃO
  - ORAÇÃO DO CREIO
  - ORAÇÃO EUCARÍSTICA

- Coloque os papelotes em uma caixa para sorteio. Cada grupo deve sortear uma palavra e representar as posições do corpo ou os gestos associados a cada momento.

PROVA 3: ORGANIZE A MISSA

- Prepare envelopes contendo fichas com as seguintes palavras escritas:
  - RITOS INICIAIS
  - SAUDAÇÃO E ACOLHIDA
  - ATO PENITENCIAL
  - GLÓRIA
  - LITURGIA DA PALAVRA
  - PRIMEIRA LEITURA
  - SALMO
  - SEGUNDA LEITURA
  - EVANGELHO
  - HOMILIA
  - CREIO
  - PRECES
  - OFERTÓRIO
  - CONSAGRAÇÃO
  - PAI-NOSSO
  - CORDEIRO DE DEUS
  - COMUNHÃO
  - RITOS FINAIS
  - BÊNÇÃO FINAL
  - ENVIO

- Cada grupo receberá um envelope com as palavras que representam as partes da missa misturadas e organizará essas partes de modo a compor a sequência correta da missa. O tempo para a atividade é de três minutos. Ao término do tempo, confira se os grupos acertaram a organização.

Encontro celebrativo

9

O DOM DO AMOR E DO SERVIÇO

Objetivo

Reconhecer o significado da Eucaristia como dom de amor.

LEITURA ORANTE

- Como passo importante para o preparo do seu encontro, faça um momento de leitura orante do texto: Jo 13,1-15.

FUNDAMENTAÇÃO PARA O CATEQUISTA

O evangelista João insere, na narrativa da Última Ceia, o lava-pés. Tal gesto nos permite ligar a instituição da Eucaristia com o dom do serviço que o Mestre presta aos seus amigos antes de morrer. Lembremos que, na narrativa joanina, não encontramos a instituição da Eucaristia como nos demais evangelistas, pois nesse texto o destaque é voltado para o dom total que Jesus faz de si em favor da humanidade. Por isso, ao iniciar a narrativa, o evangelista destaca a dimensão do amor que move Jesus a aceitar os acontecimentos trágicos que enfrentaria.

Os gestos de Jesus ao se levantar, despir-se do manto, cingir-se com o avental, pegar bacia, água e toalha, para lavar os pés dos discípulos, mostram que "ser lavado antecipa a partilha da glória com Cristo, porque a purificação com água é um símbolo de nova vida e recorda o dom batismal do Espírito, que torna possível a união com Deus e dá início a uma nova criação" (DOGLIO, 2020, p. 134).

A CELEBRAÇÃO

MATERIAIS

- Bacia, jarra com água e toalha.
- Cesta com pequenos pães (embalados individualmente), um para cada catequizando.
- Bíblia, vela e flores.
- Arrume o espaço para que os catequizandos formem um círculo. Em um lugar de destaque coloque a Bíblia, a vela, as flores, a bacia, a jarra e a toalha, além da cesta com os pães.

ACOLHIDA

Catequista: Jesus se apresentou como o Pão da Vida, e a Igreja reconhece que a Eucaristia está no cento de toda a vida cristã. Na Eucaristia celebramos a comunhão fraterna e nos fortalecemos para a caminhada.

Todos: Levanta e come, o caminho é longo (1Rs 19,7).

Catequista: Vamos com alegria nos colocar na presença de Deus, invocando a Trindade Santa.

Todos: Em nome do Pai e do Filho e do Espírito Santo.

Leitor 1: O sentido mais profundo da vida cristã é expresso pela comunhão fraterna que acontece na partilha.

Todos: Somos chamados a viver o amor e a partilha.

Leitor 2: Jesus nos ensina a olhar para nossos irmãos e irmãs e reconhecer que todos têm o sonho de viver em plenitude, todos buscam a felicidade.

Todos: Jesus é Vida! Nele somos felizes!

REFLEXÃO PESSOAL

Catequista: Jesus é nosso amigo, nos ama e nos quer perto d'Ele. Façamos um exame de consciência: O que significa para você ser amado por Jesus e amá-lo?

Deixar um momento de meditação e reflexão pessoal. Pode ajudar uma música ambiente.

PROCLAMAÇÃO DA PALAVRA

Catequista: Aclamemos a Palavra cantando (canto à escolha).

Leitor: João 13,1-15.

Ler uma vez em voz alta, pode ser o catequista ou um catequizando. Depois da leitura, deixar uns instantes de silêncio e reler em voz alta.

REFLEXÃO SOBRE A PALAVRA

Catequista: Jesus, em sua Última Ceia com os amigos, fez um gesto significativo. Vamos repetir esse gesto lavando os pés uns dos outros.

O catequista toma a iniciativa e lava os pés de um catequizando, depois incentiva para que cada um lave os pés do outro. Após os catequizandos terem lavado os pés uns dos outros, o catequista retoma a reflexão.

Ao narrar o lava-pés na Última Ceia de Jesus, o evangelista João quer mostrar que o significado mais profundo da Eucaristia é o dom total que Jesus faz de si.

Todos: Jesus, erguendo-se, pegou o jarro e a bacia, depois lavou os pés de seus amigos.

Leitor 1: Jesus, ao se levantar, nos mostra a necessidade de sair do nosso comodismo para ir ao encontro do outro.

Todos: Servindo aos nossos irmãos, vivemos o amor que Jesus nos ensinou.

Leitor 2: Quem participa da Eucaristia se compromete a se unir a Cristo e imitá-lo na doação da vida e na construção do Reino definitivo, por meio da justiça, paz e fraternidade.

Todos: Eucaristia é amor, doação, partilha de vida e serviço.

Leitor 3: As ações de Jesus nos mostram o quanto Ele nos ama. Antes de partir, Ele nos deixa seu testamento espiritual.

Todos: Eu, vosso Mestre e Senhor, vos deixei o exemplo: "Façam o mesmo que eu fiz".

PARTILHA DO PÃO

Catequista: A Eucaristia é também uma ceia, uma refeição. Acreditamos que a hóstia consagrada são o Corpo e o Sangue de Cristo.

Leitor 1: Comungar significa tornar-se um. É unir-se com os irmãos e com Deus. A Eucaristia nos une a Cristo, ajuda a progredir na vida da graça e a provar, sempre mais, do amor do Senhor.

Todos: E Jesus, tendo amado os seus, amou-os até o fim.

Catequista: Nesse momento somos convidados a partilhar, dividir o pão. Vamos nos aproximar da cesta e oferecer o pão a quem nos lavou os pés.

Orientar para que cada catequizando pegue um pão e o partilhe entregando a quem lhe lavou os pés. Aguardar até que todos recebam um pão.

ORAÇÃO FINAL

Catequista: De coração aberto e sincero, rezemos:

Todos: *Concedei-nos, ó Deus, a graça de participar dignamente da Eucaristia, pois todas as vezes que celebramos este sacrifício em memória do vosso Filho, torna-se presente a nossa redenção. Ao nos dar a ceia do vosso Filho, dai-nos ser eternamente saciados na ceia do vosso Reino.*

Catequista: Que Deus nos abençoe hoje e sempre.

Encerrar com um canto à escolha.

Anotações

BLOCO 3

FÉ VIVIDA

10 O caminho para a felicidade

11 Bem-aventurados aqueles que buscam o meu Reino

12 Bem-aventurados aqueles que esperam o teu Reino

13 Ela viveu diferente

14 Eles viveram diferente

 Dia da Solidariedade

Celebração comunitária
Entrega das bem-aventuranças

Neste bloco a proposta é compreender a dimensão da vivência da fé. A base são as bem-aventuranças apresentadas como caminho para a felicidade e proposta para o bem viver. Para interpretar melhor o sentido das bem-aventuranças, o tema foi dividido em três encontros que buscam aprofundar a compreensão e orientar a vivência, para que as palavras de Jesus se tornem vida no dia a dia dos catequizandos.

Após o estudo das bem-aventuranças apresentamos dois encontros nos quais, através dos exemplos de Maria e dos santos, buscamos identificar a possibilidade real de viver conforme a vontade de Deus, sem perder a alegria e o entusiasmo pela vida.

Ao final do bloco você encontrará a proposta de uma atividade complementar, que chamamos de Dia da Solidariedade, para ajudar os catequizandos a exercitarem o que refletiram nos encontros do bloco.

Como proposta celebrativa apresentamos o rito de entrega das bem-aventuranças, que deverá ser inserido em uma celebração comunitária.

O CAMINHO PARA A FELICIDADE

10

Objetivo

Reconhecer nas bem-aventuranças a proposta de Jesus para o nosso bem viver.

LEITURA ORANTE

- Como passo importante para o preparo do seu encontro, faça um momento de leitura orante do texto: Mt 5,1-11.

- Propomos também que durante a semana, até o dia do encontro, realize a oração:

  Ó Senhor Jesus, do alto de sua glória, olha para a nossa caminhada catequética e nos ajude a acolher os que têm o espírito sedento de ti. Faça-nos porta-vozes da tua Palavra para que nossos catequizandos aprendam a amá-la e vivê-la, e nos conceda anunciar o teu Reino como a bem-aventurança plena.

FUNDAMENTAÇÃO PARA O CATEQUISTA

Aristóteles, filósofo que viveu no século IV a.C., no livro I de sua obra *A ética a Nicômaco*, fala sobre a finalidade última da vida humana, o que muitas vezes chamou de "bem maior". A conclusão a que chegou é que a felicidade é o que todos buscam. Entretanto ele se refere à felicidade como algo estável, duradouro; como algo que é comum para todas as pessoas e que "tem uma relação com a divindade, seja porque vem dos deuses ou porque é uma condição como a dos deuses" (PAKALUK, 2020, p. 84). Percebemos, também, que algumas traduções da Sagrada Escritura, em lugar de "bem-aventurado", usam a palavra FELIZ. Entendemos então que quando Jesus propõe as bem-aventuranças, propõe a felicidade em Deus, que nos quer felizes porque Ele é feliz.

O Catecismo da Igreja Católica (n. 1717) evidencia que "as bem-aventuranças traçam a imagem de Cristo e descrevem a sua caridade; exprimem a vocação dos fiéis associados à glória de sua Paixão e Ressurreição; iluminam as ações e atitudes características da vida cristã". O Catecismo, ainda, nos apresenta as bem-aventuranças como a resposta ao desejo de felicidade, que é colocado no coração do ser humano por Deus, com o intuito de atraí-lo e na certeza de que apenas Ele pode satisfazê-lo (cf. CIgC, n. 1718). A partir dessa afirmação, talvez possamos entender por que sempre temos mais a buscar, mais a querer, mais a conquistar. Temos saudade de Deus, e só seremos plenamente felizes se estivermos com Ele.

Quando proclama as bem-aventuranças, Jesus provoca estranheza em seus seguidores, pois Ele inverte a ordem das coisas em seu tempo. O poder, a riqueza material e o prestígio eram vistos como preferências de Deus, como se Ele tivesse abençoado algumas pessoas mais do que outras. O discurso de Jesus rompe essa lógica: felizes são os pobres, os sofredores, os famintos. Que Deus é esse que coloca sua preferência sobre os simples?

Ele quer a simplicidade, e o mundo busca, com mais afinco, a riqueza, o poder, a ostentação, como se fossem a finalidade de tudo. O Papa Francisco, referindo-se à sociedade atual, diz que por vezes ela se encanta com as palavras de Jesus, mas se deixa levar pelas realidades do mundo que conduz "para outro estilo de vida" (cf. GeE, n. 65).

A grande missão de Jesus ao se encarnar é nos mostrar Deus, a quem chama carinhosamente de Abba (Pai). As bem-aventuranças são a felicidade do Pai, transmitida a nós pelo "Filho amado" (Mc 1,11; Mt 17,5). Jesus nos mostrou com elas o coração de Deus, que somente Ele conhecia com profundidade. Com a promessa de felicidade, Deus toca o coração do ser humano e o desafia a mudar sua maneira de viver, "conformando" esse viver a Jesus. O Papa Francisco, na catequese de 29 de janeiro de 2020, nos diz que "as bem-aventuranças contêm o 'bilhete de identidade' do cristão porque delineiam o rosto do próprio Jesus, o seu estilo de vida".

Com base nas palavras do Papa Francisco percebemos que precisamos refletir, fazendo uma profunda análise de como a felicidade é apresentada na atualidade. Vivemos a era da imagem, da exposição. As mídias sociais têm promovido a constante apologia a uma felicidade virtual. As postagens que vemos mostram geralmente registros felizes, de uma beleza-padrão, de comportamentos excêntricos. Isso faz com que inúmeras pessoas, entre as quais destacamos os adolescentes, passem a acreditar que só serão felizes se estiverem em evidência, se forem vistos, curtidos, seguidos... Como ninguém gosta de curtir o que é triste, o que é feio e o que não está na moda, a impressão é que a felicidade é uma obrigação. Precisamos mostrar que estamos felizes, mesmo que isso não corresponda à verdade.

Em momento algum, a felicidade anunciada por Jesus nos diz que a tristeza não existe ou que as dificuldades desaparecem como um passe de mágica, ou que não choraremos mais. Os momentos de angústia são fundamentais para a plenitude da felicidade. Como reflete Khalil Gibran (2019, p. 46), podemos dizer que a nossa alegria é nossa tristeza "sem máscaras e o poço do qual nasce nosso riso, em alguns momentos, esteve cheio de lágrimas". As bem-aventuranças são um novo modo de viver que brota do coração de Deus e nos atrai para Ele, nos faz desejá-lo. O bem-aventurado está nessa condição porque vive a plenitude das coisas terrenas, sem se deixar desviar por elas da caminhada rumo ao Reino de Deus. O bem-aventurado vive o bem e pratica boas ações (cf. PAKALUK, 2020).

Reflexão bíblica de Mateus 5,1-12: "Ao ver aquela multidão, Jesus subiu ao monte. Quando sentou-se, os discípulos se aproximaram dele. Tomou a palavra e começou a ensinar" (Mt 5,1-2). Esses dois versículos vêm carregados de simbolismos que precisam ser compreendidos para tomarmos as bem-aventuranças como manual de vida do cristão. "Subir ao monte" denota uma grande aproximação entre o céu e a terra. É no alto do monte, em intimidade com o Pai, que o Filho ensina a multidão (todos nós). No monte, Moisés recebe os Dez Mandamentos que conduziram o povo durante todo o Antigo Testamento. No monte, o novo ensinamento de Jesus, que não desfaz o antigo (cf. Mt 5,17), torna-se a nova lei. Esta se fundamenta na liberdade, condição que nos faz escolher entre o bem e o mal. Jesus não vem impor, mas ensinar, e permite que façamos a escolha. O Catecismo (n. 1721) deixa claro que "a liberdade é, no homem, uma força de amadurecimento na verdade e na bondade. A liberdade alcança sua perfeição quando está ordenada para Deus, nossa bem-aventurança". Viver as bem-aventuranças depende, portanto, de uma resposta nossa à nova lei.

Em suas nove *Catequeses sobre as bem-aventuranças*, sendo a primeira no dia 29 de janeiro de 2020 e a última em 29 de abril de 2020, o Papa Francisco explora a estrutura das oito bem-aventuranças que iniciam com a palavra "felizes", sucedidas da condição em que estão (pobres, aflitos, famintos...) e terminando com o motivo da felicidade. Seremos felizes porque possuiremos a Terra, seremos consolados, seremos saciados.

Talvez um erro que cometemos na interpretação das bem-aventuranças seja justamente pensar que devemos buscar a pobreza, o sofrimento e a injustiça para estarmos em Deus, quando na verdade é Ele que vem ao socorro das nossas dificuldades para que alcancemos a graça de bem-aventurados. A caminhada, porém, para essa graça não se faz sem a força do Espírito Santo.

LEIA PARA APROFUNDAR

- PAPA FRANCISCO. *Catequeses sobre as bem-aventuranças*. Audiências gerais de 29 de janeiro a 29 de abril de 2020. Disponível em: http://www.vatican.va/content/francesco/pt/audiences/2020.index.html#audiences. Acesso em: 9 nov. 2021.

Depois de ler a fundamentação, seria interessante refletir um pouco. Para ajudá-lo, apresentamos algumas questões:

1. Elabore uma pequena lista de coisas que fazem você feliz.
2. Olhando para a sua vida neste momento, você pode afirmar que é feliz?
3. Como catequista, você tem escolhido o caminho das bem-aventuranças?
4. Você vê as bem-aventuranças como o pilar da espiritualidade do catequista?

O ENCONTRO

MATERIAIS

- ✓ Para a atividade 1, providencie: envelopes (pode-se usar folhas grandes de papel dobradas como cartas e fechadas com adesivo) e pequenos cartões em branco, um para cada catequizando escrever.
- ✓ Cola para fechar os envelopes.
- ✓ Caixa decorada com a inscrição: CAIXA DA FELICIDADE. Ela será usada nos três encontros sobre as bem-aventuranças.
- ✓ Confeccione, em cartolina ou papel Kraft, um quadro grande, que chamaremos de Quadro das Bem-Aventuranças. A ideia é expô-lo para todo o grupo de catequizandos durante os três encontros do tema. Para ajudá-lo, apresentamos um modelo na sequência, propondo um quadro com quatro colunas: uma coluna com 6 cm, duas colunas com 25 cm, uma coluna com 10 cm e a altura da linha de 5,5 cm. Este quadro será usado na atividade 2, quando os catequizandos deverão completá-lo de acordo com suas orientações.

	QUADRO DAS BEM-AVENTURANÇAS		
F E L I Z E S	OS QUE (situação)	PORQUE (motivo)	Citação

- ✓ Para o Jogo de Palavras, providencie dezesseis tarjas de papel (sugere-se o tamanho de 5,5 cm de altura por 25 cm de largura). Nelas deverão ser escritas as oito bem-aventuranças, assim distribuídas: oito tarjas com a situação (OS QUE) do bem-aventurado e oito com a explicação (PORQUE) das bem-aventuranças, para que os catequizandos possam completar o quadro da atividade 2. Para ajudá-lo, apresentamos um modelo a seguir – lembramos que o texto deve ser mudado em cada tarja, conforme as bem-aventuranças.

| POBRES EM ESPÍRITO | DELES É O REINO DOS CÉUS |

- ✓ Providencie imagens relacionadas à felicidade e à infelicidade, de preferência as que se relacionam às bem-aventuranças, para o jogo Expectativa x Realidade, na atividade 3.
- ✓ Explique que o conteúdo sobre as bem-aventuranças está dividido para se desenvolver em três encontros.
- ✓ Oriente os catequizandos para que escrevam suas respostas às perguntas da atividade 1 em um pequeno cartão. Depois deverão colocar o cartão com as respostas dentro do envelope que lhes foi entregue, devidamente identificado com o nome de cada um, e fechá-lo. Cada catequizando deverá depositar seu envelope na Caixa da Felicidade para que sejam abertos no terceiro encontro deste conteúdo, ou seja, no encontro 12.

PARA INICIAR O ENCONTRO

- Com base na leitura do texto introdutório do livro do catequizando, converse sobre a felicidade e como a buscamos.
- Oriente-os a responder aos questionamentos que se encontram no livro.

CRESCER COM A PALAVRA

- ✝ Convide os catequizandos para lerem juntos o texto: Mt 5,1-11.
- ✝ Solicite aos catequizandos que digam em voz alta a palavra que mais lhes chamou atenção.
- ✝ Depois reflita com eles sobre a importância das bem-aventuranças e a proposta de vida que elas apresentam ao cristão.
- ✝ Realize o Jogo de Palavras da seguinte maneira: distribua as fichas com a situação (OS QUE) do bem-aventurado e com a explicação (PORQUE) de forma desorganizada, para que eles as ordenem conforme o texto bíblico. Não permita que usem a Bíblia, para que a ordenação das frases seja discutida.
- ✝ Ajude-os para que as frases, à medida que eles as completarem corretamente, sejam coladas no Quadro das Bem-Aventuranças. Lembramos que a coluna das citações bíblicas não ficará completa neste encontro.
- ✝ Oriente-os para que transcrevam as frases das tarjas coladas para o quadro no livro do catequizando, na atividade 2.

- ✝ Saliente que a partir de agora vamos nos esforçar para "decorar" (guardar no coração) essas oito joias.

- ✝ A atividade 3 consiste em uma análise da nossa realidade. Espalhe as imagens em um lugar onde todos possam ver e manusear. Depois peça que organizem as imagens entre aquelas que representam a expectativa sobre determinada situação e aquelas que representam a realidade (paz x guerra; fartura x pobreza; mansidão x raiva; justiça x injustiça; gentileza x grosseria).

- ✝ Após a organização das imagens, oriente-os a registrar as conclusões no livro do catequizando, por escrito, no quadro da atividade 3.

- ✝ Destaque o fato de que, apesar de todos desejarem a felicidade, a realidade mostra que são muitas as dificuldades para alcançá-la. Fale da pressão sobre a obrigação da felicidade, já que as mídias estão repletas de imagens de felicidade relacionadas a ter coisas, ter sucesso, satisfazer seus desejos a qualquer custo. Enfatize que a felicidade não significa estar 100% alegre em todos os momentos, e sim conciliar momentos alegres com momento tristes. Conclua argumentando que a felicidade mostrada por Jesus passa pela entrega total ao projeto do Reino de Deus.

CRESCER NA ORAÇÃO

- Convide os catequizandos para lerem em seus livros a história *Tempo de felicidade*. Peça para depois refletirem em silêncio sobre os seus momentos de felicidade, que a história inspira a pensar. Depois motive-os a pedir a Jesus para viverem a felicidade mostrada por Ele, trilhando o caminho das bem-aventuranças. Conclua com a oração do Pai-nosso.

CRESCER NO COMPROMISSO

- Oriente-os a escolher uma das bem-aventuranças e formular um compromisso de vida a partir dela. Solicite que escrevam essa bem-aventurança como seu versículo do encontro.

11 BEM-AVENTURADOS AQUELES QUE BUSCAM O MEU REINO

Objetivo

Compreender o significado da condição em que vivem os bem-aventurados: pobreza, sofrimento, mansidão, fome e sede.

LEITURA ORANTE

- Para complementar a reflexão realizada, neste encontro propomos os textos: Mt 6,19-21; Jo 11,33-36; Sl 37,7-9 ou Ef 4,30-31; Jr 22,3-4.

- Como passo importante para o preparo do seu encontro, faça um momento de leitura orante dos textos de apoio indicados em cada bem-aventurança. O ideal seria ler um por dia.

- Propomos também que durante a semana, até o dia do encontro, realize a oração:

    Senhor, dá-me a graça de um coração pobre para que eu possa distribuir a riqueza do seu amor; dá-me a graça de chorar diante dos sofrimentos para que eu possa partilhar a alegria do seu consolo; dá-me a mansidão do seu coração para eu possuir o céu; dá-me fome e sede de justiça para que seu Reino seja edificado na Terra.

FUNDAMENTAÇÃO PARA O CATEQUISTA

Talvez você pense, como muitos, que para pertencer ao Reino de Deus devemos abraçar tudo o que é difícil e sofrido. Nesse Reino parece habitar a tristeza que os olhos humanos, acostumados a buscarem satisfação e alegria em tudo, querem evitar. Talvez o que esteja errado seja a nossa visão de reino. Acostumamo-nos a compreender que o reino é um lugar com um rei, uma pessoa privilegiada que desfruta de um trono, de riquezas, de poder e prestígio. Para compreender o Reino de Deus, contudo, é preciso desconstruir essa imagem de rei. É preciso vê-lo, então, como um grande líder que vai à frente do seu povo (cf. Dt 31,8), alguém que é modelo para as pessoas, que não se ocupa das riquezas e cumpre as leis (cf. Dt 17,14-20), alguém que provê o seu povo e, na guerra, é o que mais arrisca a vida (cf. Sl 68,7-13). Jesus é esse Rei que nos lidera na busca do Reino de Deus (cf. GRELOT, 2013). O que Ele nos oferece é um lugar onde a Palavra de Deus transforma nosso viver. O seu "poder real" vem justamente das pequenas mudanças que provoca nas nossas ações e dos momentos em que nos damos conta de nossas limitações e de nossa fragilidade diante da vida (cf. ALEIXANDRE, 2008).

1. Felizes os que têm espírito de pobre, porque deles é o Reino dos Céus.

Este Reino é dos "pobres em espírito". O evangelista deixa claro que não se trata simplesmente de pobreza material. Podemos dizer que são aqueles com "espírito de pobre", entretanto esse termo muitas vezes é compreendido de forma cômica e pode confundir nossa interpretação. A cultura do consumo em que vivemos nos faz caminhar na direção oposta. Temos "espírito de rico", que está sempre cheio – e o que está cheio não pode receber mais nada.

O Catecismo da Igreja Católica (n. 1723) lembra que estamos fazendo da riqueza o grande Deus do momento, ao lado da notoriedade. Faz-se tudo para ser visto e admirado. Tem-se a "falsa certeza" de que o dinheiro e a fama tudo podem, mas se assim fosse por que vemos famosos e ricos em constante situação de infelicidade? A pobreza apontada por Jesus vai muito além. O espírito é a própria vida que recebemos do Criador, o que nos dá identidade de seres humanos. O Papa Francisco (2020a) nos fala: "Pobres de espírito são aqueles que são e se sentem pobres, mendigos, nas profundezas do seu ser". Pobres são todos aqueles que têm necessidade de algo que lhes é fundamentalmente necessário, e isso vai muito além de bens materiais, pois proteção, saúde, respeito, afeto e amor são fundamentais. A segurança e a satisfação das necessidades não são garantidas pela riqueza.

Quando somos chamados a ser pobres em espírito, somos chamados a reconhecer que nossa necessidade maior é Deus, de modo que devemos buscar a riqueza de viver n'Ele. Deus nos oferece a riqueza de seu Reino e nos convida a renunciar àquilo que nos prende e limita. Se pensarmos por uns segundos, podemos trazer à memória pessoas pobres materialmente que são tão apegadas aos bens, tão avarentas de si mesmas, que estão presas ao desejo de possuir. Um coração pobre alegra-se e sente-se grato com tudo o que recebe. Por sua vez, "o coração que se sente rico fica tão satisfeito de si mesmo que não tem espaço para a Palavra de Deus, para amar os irmãos, nem para desfrutar das coisas mais importantes da vida. Desse modo priva-se de bens maiores" (GeE, n. 68). Somente um coração pobre está livre para receber a riqueza do Reino do Pai.

> Para que não fiquemos repetitivos com relação ao texto do encontro anterior, vamos refletir sobre cada uma das bem-aventuranças com alguns textos bíblicos que nos ajudarão a compreender melhor o Reino de Deus anunciado por Jesus.

Reflexão bíblica de Mateus 6,19-21: Em um complemento bastante interessante da primeira bem-aventurança, o capítulo 6 de Mateus apresenta a nossa preocupação com a riqueza como centro do nosso querer. Se a preocupação maior é acumular, o coração estará ocupado somente com isso e não terá espaço para amar, viver, partilhar. As riquezas se desfazem, são roubadas e deixadas quando morremos. O coração pobre quer as riquezas do Reino de Deus, que não serão experimentadas somente depois da morte, mas conforme vivermos com o coração centrado nos valores desse Reino.

2. Felizes os que choram, porque serão consolados.

O choro é nossa primeira forma de comunicação com o mundo e nos acompanha em boa parte da infância. Em determinados momentos de nossas vidas, e cada um tem os seus, um choro diferente aparece. É silencioso e vem das profundezas dos nossos sentimentos. Ele vai caminhar conosco até o fim de nossos dias.

Chorar não é sinal de fraqueza nem de tristeza eterna, pois o choro é nossa maneira de nos importar com aquilo que entristece a nossa alma.

Entretanto o mundo não quer chorar; prefere ignorar as situações dolorosas, cobri-las, escondê-las. Gasta-se muita energia para não enfrentar as situações nas quais está presente o sofrimento, julgando que é possível dissimular a realidade. Mas não pode experimentar a alegria quem não provou a tristeza.

Jesus, ao dizer "felizes os que choram", refere-se àqueles que não choram apenas por si mesmos, mas também pela dor do outro, pelos pecados do mundo que entristecem a Deus e afastam o ser humano de seu amor. Nesta perspectiva, o choro está associado à atitude de acolher a dor, ao amor. Agir assim é ser sábio e bem-aventurado.

Reflexão bíblica de João 11,33-36: Os versículos que antecedem os selecionados falam da tristeza das irmãs Marta e Maria, após a morte do irmão Lázaro. Ao saber da chegada de Jesus, Marta corre ao seu encontro e, no diálogo entre eles, reafirma sua fé. Maria permanece em casa chorando, demonstrando toda a impotência humana. Jesus, profundamente comovido e agitado, também chora. Esse choro está carregado de muitos significados: a dor pelo amigo morto, a compaixão por Maria e os que a acompanhavam, e talvez a indignação com o poder da morte ou com a nossa falta de fé. Ao choro de Jesus, segue-se a alegria pela ressurreição.

3. Felizes os mansos, porque possuirão a Terra.

A mansidão é o que nos faz gentis, bondosos e equilibrados, contrariando o que mais temos visto na história da humanidade: raiva, disputa, vingança, maledicência, ira.

O pecado da ira nos ajuda a compreender o valor da mansidão. O que se faz em um momento de extrema raiva normalmente tem consequências ruins. Quantas vezes desejamos que o tempo voltasse para que aquela atitude que tomamos quando estávamos irados pudesse ser desfeita?

Ninguém mostrou maior mansidão do que Jesus. Quando questionado pelas autoridades, não alterava a voz, não se irritava e refletia antes de responder. Enquanto era maltrado, xingado, espancado, não emitiu nenhum comentário. Essa mansidão é dádiva.

Percebemos que muito se incentiva para que a geração atual seja aquela que, às vezes, "bate de frente" e "fala na cara", agindo de acordo com a máxima "Se me ofender, eu dou o troco". Esse comportamento nasce da nossa incapacidade de ceder, de abrir mão dos nossos preconceitos e do nosso juízo sobre as pessoas. O infinito amor que emana do coração do Pai, por outro lado, faz Jesus dizer: "Aprendei de mim, porque sou manso e humilde de coração, e encontrareis descanso para o vosso espírito" (Mt 11,29). A raiva e o ódio são estressantes, nos trazem uma fadiga imensa. É energia desperdiçada em três etapas: a do desconforto pelo que nos contraria, a da explosão da raiva em atitudes agressivas e a do fardo que é carregar a culpa (cf. GeE, n. 72). A mansidão nos faz possuidores do coração de Deus. Terra sagrada que não nos pode ser tirada.

Reflexão bíblica do Salmo 37,7-9 ou de Efésios 4,30-31: Os versículos de apoio sugerem o comportamento da pessoa que se deixa renovar pelo Senhor. No Antigo Testamento, mansidão vem da palavra *anaw*, que significa submissão, paciência, humildade (cf. LACAN; SPICQ, 2013). No salmo, o controle da força diante de situações adversas está na submissão ao Senhor. A recompensa? Possuirão a Terra. Ao contrário do que muitos pensam, a mansidão não é fraqueza. É preciso muita força e determinação para controlar os instintos violentos. O Novo Testamento fala de atitudes que se desenvolvem em quem está em intimidade com o Espírito Santo. Ser manso é o contrário de ser agressivo. A condição interior da mansidão mostra-se em atitudes como a suavidade, a gentileza, a consideração aos outros. Em Efésios, a mansidão deve ser uma marca natural do cristão.

4. Felizes os que têm fome e sede de justiça, porque serão saciados.

Fome e sede indicam duas necessidades sem as quais não podemos viver. A bem-aventurança, então, deixa claro que a justiça é necessidade básica para o viver humano.

O que é a justiça? Consiste em fazer com que cada um receba o que lhe é devido, em fazer o que é correto e garantir que isso seja igual para todos. Igualdade que podemos perceber no que é essencial para a vida: o ar, a luz, a água e demais obras da criação estão disponíveis para todos, justos e injustos. A palavra em si já nos direciona para a ideia de lei e do cumprimento dela, e ainda, caso não o façamos, da punição que receberemos.

Convém diferenciar a justiça humana da justiça de Deus. Elas querem a mesma coisa, mas percorrem caminhos diferentes (cf. DESCAMPS, 2013). A primeira depende de valores e costumes vigentes em épocas diferentes, podendo ser influenciada e manipulada por interesses políticos e econômicos, pela sede de poder. Basta olhar para os grandes ditadores para entendermos esse fenômeno, o que faz com que a justiça humana seja facilmente corrompida e produza infelicidade para todos.

A justiça que Jesus nos apresenta nas bem-aventuranças é divina. Deus é justo e somos atraídos a Ele, mesmo que não desejemos, pois "em cada coração, até na pessoa mais corrupta e afastada do bem, está escondido um anseio de luz, mesmo que esteja sobre os escombros do engano e do erro, mas há sempre uma sede de bondade e verdade, que é a sede de Deus" (PAPA FRANCISCO, 2020a). Essa justiça da qual temos fome e sede, entretanto, vem a nós através do Espírito Santo. Ela é graça, é misericórdia:

> a justificação é, ao mesmo tempo, o acolhimento da justiça de Deus pela fé em Jesus Cristo. A justiça designa aqui a retidão do amor divino. Com a justificação, a fé, a esperança e a caridade se derramam em nossos corações e nos é concedida a obediência à vontade divina. (CIgC, n. 1991)

Nossa sede e fome de Deus nos impulsiona a sermos melhores, a vivermos de acordo com a lei maior de Jesus – amar ao próximo como a si mesmo (cf. Mt 22,37).

Reflexão bíblica de Jeremias 22,3: A justiça perpassa toda a Bíblia, pois Deus é um Deus de justiça e a leva a todos os seres humanos, a fim de resgatar-lhes a dignidade, colocando-os em harmonia com toda a sua obra criadora. No Antigo Testamento, a justiça aparece como ideia central relacionada ao cumprimento da lei e ao comportamento ideal do homem. A justiça é aquilo que se deve fazer de acordo com o direito, a razão e a equidade. Isso nos leva a observar as questões sociais. Não pode haver justiça somente para uma pessoa. É no respeito aos direitos de todos, em especial dos fracos e desprotegidos, que se encontra o fundamento da fraternidade dos seres humanos. A pessoa que diz amar a Deus não pode praticar a injustiça. No Novo Testamento, a justiça está ligada ao desejo pelo Reino de Deus e ao amor como base dele. É nesse padrão de justiça que todo cristão deve andar, pois foi isso o que Jesus Cristo ensinou e desejou que praticássemos.

Depois de ler a fundamentação, é interessante refletir um pouco. Para ajudá-lo, apresentamos algumas questões:

1. Você tem espírito como o de pobre?
2. Tem chorado e se compadecido pelas dores dos pobres e pelas dores do mundo?
3. Está sendo manso?
4. Tem buscado a justiça como se fosse a água e a comida necessárias para a vida?

O ENCONTRO

MATERIAIS

- ✓ O quadro das bem-aventuranças.
- ✓ Fichas de 5 cm de altura por 10 cm de comprimento com as citações bíblicas dos textos complementares.
- ✓ Cola ou fita adesiva para colar as fichas na bem-aventurança correspondente.

- ✓ A Caixa da Felicidade do encontro anterior, para ser usada no item *Crescer no compromisso*.
- ✓ Tarjas de papel para que sejam escritos os motivos de tristeza no momento do compromisso.

PARA INICIAR O ENCONTRO

- Explore junto aos catequizandos o que conhecem sobre reinos, com ênfase a como se organizam. Depois explore o sentido de Reino de Deus com base no texto introdutório dos seus livros.

CRESCER COM A PALAVRA

- Oriente que os catequizandos olhem para o Quadro das Bem-Aventuranças e realizem a leitura do que está escrito nele em forma de jogral, isto é, um grupo lê a primeira coluna (situação) e outro grupo lê a segunda coluna (explicação).

- Após a leitura, disponha as fichas com as citações bíblicas de forma aleatória sobre uma mesa. Divida os grupos conforme o número de fichas e peça que leiam a citação selecionada. Oriente-os a discutir com seus grupos sobre qual bem-aventurança se refere a citação lida e qual a mensagem que Jesus nos dá sobre ela.

- Depois da discussão nos pequenos grupos, motive-os a partilhar sua leitura do texto bíblico, sua compreensão e reflexão sobre ele. Para concluir cada partilha, cole a ficha com a citação no Quadro das Bem-Aventuranças.

- Na sequência, solicite que anotem as citações no Quadro das Bem-Aventuranças que está no encontro 10 do livro do catequizando.

- Ajude-os a melhor compreender as bem-aventuranças. Para isso, oriente a realização da atividade no livro do catequizando, que consiste na leitura dos textos e nas respostas às perguntas.

CRESCER NO COMPROMISSO

- Distribua a cada catequizando uma tarja de papel para que escrevam duas situações que lhes causem extrema tristeza, uma pessoal e outra que aconteça na sua comunidade.

- Motive-os a ler a citação do Papa Francisco em seus livros e oriente-os a depositar na Caixa da Felicidade as suas tristezas, lembrando-os de que elas fazem parte do nosso viver.

- Convide-os ao compromisso de observar e rezar pelas pessoas com quem convivem. Motive-os a pedir ao Espírito Santo para que ajude essas pessoas a viverem com alegria e paz.

CRESCER NA ORAÇÃO

- Motive os catequizandos para que, durante alguns instantes de silêncio, apresentem a intenção de viver a cada dia as bem-aventuranças.

- Convide-os para juntos rezarem a oração de seus livros e conclua com o Pai-nosso.

BEM-AVENTURADOS AQUELES QUE ESPERAM O TEU REINO

12

Objetivo

Compreender o significado da condição em que vivem os bem-aventurados: misericordiosos, puros de coração, pacíficos, perseguidos.

Para complementar a reflexão realizada neste encontro, propomos os textos: Mt 7,1-5; Lc 6,43-45; Jo 14,27; 1Pr 3,13-17.

LEITURA ORANTE

- Como passo importante para o preparo do seu encontro, faça um momento de leitura orante com os textos de apoio indicados em cada bem-aventurança. O ideal seria ler um por dia.

- Propomos também que durante a semana, até o dia do encontro, realize a oração:

  Pai, faça-me solidário com as necessidades dos meus irmãos. Ensina-me a partilhar com eles a esperança e a alegria que Jesus veio nos trazer, e que, pela força do Espírito Santo, possamos testemunhar seu Reino em meio ao mundo.

FUNDAMENTAÇÃO PARA O CATEQUISTA

O tema deste encontro será o estudo das quatro últimas bem-aventuranças.

5. Felizes os misericordiosos, porque alcançarão a misericórdia.

Tomemos a misericórdia sob dois aspectos: a compaixão e o perdão. "Sede misericordiosos como vosso Pai é misericordioso" (Lc 6,36), simples assim. Se Deus é ternura, é claro que nos quer ternos também (cf. BONNARD, 2013). E essa ternura deve ir além do que compreendemos. Não se trata de expressar ternura aos que são próximos, e sim agir como o samaritano ao socorrer o ferido (Lc 10,30-37). Santo Agostinho (2017, p. 389) nos ajuda a refletir sobre este conceito: "[O que] É a misericórdia senão certa compaixão da miséria alheia, nascida em nosso coração, que, se podemos, nos força a socorrê-la". A compaixão nos coloca no lugar do outro, por isso não queremos para ele o que não queremos para nós (cf. Mt 7,10).

Deus não é indiferente à condição humana, mas o mundo cada vez mais nos coloca face a face com a indiferença. O egoísmo e o individualismo nos tornam rudes, e vamos nos acostumando às mazelas da vida a ponto de não mais reconhecer Jesus no próximo – por vezes sequer o reconhecemos em nós mesmos. Sobre o perdão, fixemos nosso olhar na melhor imagem do Pai – "Misericórdia: é o caminho que une Deus e o homem, porque nos abre o coração à esperança de sermos amados para sempre, apesar da limitação de nossos pecados" (MV, n. 2). Se o Pai nos perdoa e nos ama, cabe a nós perdoar e amar como Ele.

Reflexão bíblica de Mateus 7,1-5: "Não julgueis e não serás julgado; não condeneis e não serás condenado; perdoai e sereis perdoados" (Lc 6,37), assim nos fala Jesus sobre a compaixão com os que erram. A felicidade do misericordioso depende da sua misericórdia para com o outro. Acontece que ainda nos posicionamos como juízes dos que erram e condenamos com facilidade. Com essa bem-aventurança, Jesus parece dizer ao nosso ouvido: "E se fosse você? Usaria os mesmos critérios para julgar a si mesmo?". Jesus nos convoca à empatia porque Ele mesmo age assim. Apesar de nossos pecados, Ele nos ama e perdoa infinitamente. Dar e receber perdão são as condições para sermos livres e felizes. A misericórdia de Deus nos é dada em abundância, por isso deve ser distribuída em abundância. Há necessidade de lembrar, também, que carecemos muitas vezes de perdoar a nós mesmos. Se não usarmos de misericórdia conosco, nos condenamos a carregar um fardo muito pesado que nos faz cansar.

6. Felizes os puros de coração, porque verão a Deus.

"Eis meu segredo. É muito simples: só se vê bem com o coração. O essencial é invisível aos olhos" (SAINT-EXUPÉRY, 2015, p. 72). Acreditamos que a famosa frase de O Pequeno Príncipe, um dos livros mais lidos no mundo nos ajude a compreender essa bem-aventurança. Se quisermos ver Deus, antes devemos aprender a ver com o coração; e um coração que abrace as outras bem-aventuranças: misericordioso, sedento e faminto de justiça, manso, que chora, que é pobre em espírito. Conhecemos pessoas que usam somente os olhos, e muitas delas conseguem ver tudo sob uma perspectiva danosa. Outras pessoas, entretanto, que veem com o coração, olham para a mesma situação e enxergam beleza, pureza, possibilidades. Para alguns, um copo com água pela metade pode estar "meio vazio", mas para outros pode estar "meio cheio". O coração puro cuida para que nada o corrompa, cuida para olhar as pessoas com sinceridade e, sobretudo, cuida para libertar-se das coisas enganosas. O puro de coração vive na presença do Senhor, conservando o que é digno da relação com Ele; só assim possui uma vida "unificada", linear, não tortuosa e simples (cf. PAPA FRANCISCO, 2020a). Certamente a maioria das pessoas precisa treinar os olhos do coração, de modo a reconhecer quando é desviada para o que é danoso a si e aos outros. Esse treinamento é conduzido pelo Espírito Santo. Não conseguimos sozinhos. A visão de Deus nos é dada porque, cada vez mais, buscamos olhar o mundo e as pessoas com os olhos d'Ele.

Reflexão bíblica de Lucas 6,43-45: Para os hebreus, o coração do ser humano corresponde ao seu interior. Nessa concepção, além dos sentimentos, estão contidas "as recordações e as ideias, os projetos e as decisões" (cf. FRAINE; VANHOYE, 2013, p. 179-180). No Salmo 84,3, a frase "coração e carne vibram de alegria pelo Deus vivo" e expressões como "doar ou colocar o coração" estão relacionadas a dedicar atenção a algo. Quando os hebreus se referem ao ato de pensar, usam a expressão "falar com o coração", logo, se ele é o cerne de tudo, é do coração que brotam o bem e o mal. Os profetas falam da promessa de um coração novo e purificado (Ez 36,26), o coração lavado pelo sangue do Cristo e purificado pelo Espírito Santo (Ro 5,5). A recomendação de Jesus para o bem viver enfatiza: cuide do que carrega em seu coração, cuide para que seja puro e você possa ver o coração de Deus.

7. Bem-aventurados os que promovem a paz, porque serão chamados filhos de Deus.

O prólogo da famosa obra de Homero, *Ilíada*, que narra a longa guerra dos gregos contra os troianos, apresenta os motivos pelos quais estes grupos se envolveram em um conflito. Todos os deuses foram convidados a um casamento, menos Éris, conhecida como a deusa da discórdia. No meio dos festejos ela envia, anonimamente, uma maçã de ouro e um bilhete com a inscrição: "Para a mais bela". Bastou que as outras deusas percebessem o objeto para que a vaidade e o orgulho as levassem a uma disputa terrível com o objetivo de descobrir qual delas era a mais bela. A mitologia grega chamou o objeto de "pomo da discórdia". O mundo está repleto de pessoas que são como Éris, semeando a discórdia por onde passam. Estão sempre instigando conflitos. São aquelas que dizem "não levo desaforo para casa" ou "bateu, levou", não se importando com quem esteja envolvido nos acontecimentos, apenas crendo que elas sempre têm razão. Assim começam todas as guerras: as menores com as quais lidamos no dia a dia e as grandes, que dizimam milhões de vidas e trazem destruição e dor. Por outro lado, há os que são promotores da paz e tratam de semeá-la por onde forem. Eles não dividem, ao contrário, são pontes que ligam as pessoas. Aos que portam a paz no coração e querem espalhá-la, Jesus diz que "serão chamados filhos de Deus". Do Deus verdadeiro, e não de um mito. O Deus da paz. A paz que Jesus propõe pode ser sintetizada na palavra "Shalom", que significa um desejo amplo de prosperidade, abundância e bem-estar, de acordo com a verdade e a justiça. Não se trata, portanto, de uma simples sensação de bem-estar que buscamos quando estamos cansados e estressados, o que é bem fácil de acontecer diariamente.

A paz de Jesus é também chamada de "paz inquieta", pois ser promotor da paz nos exige certo dessossego. É preciso um conflito interior para nos fazer crescer e buscar a paz. Ela é graça de Deus que nos vem por uma autêntica aceitação dos valores de seu Reino. A paz acontece quando há justiça e respeito. Isso nos leva a romper com tudo o que faz a humanidade sofrer de forma desigual. Isso exige de nós a habilidade de conviver harmonicamente com o que é diferente do que acreditamos ser a verdade. É preciso estar inquieto com a dor das guerras (inclusive as que se travam dentro de nós) para manter a disposição de construção da paz, "porque construir a paz é uma arte que requer serenidade, criatividade, sensibilidade e destreza" (GeE, n. 89). O amor é sereno, criativo, sensível e habilidoso. O amor do Pai e do Filho, que vem a nós pelo Espírito Santo, é o arquiteto da paz.

Reflexão bíblica de João 14,27: Nos capítulos 14 a 17 do Evangelho segundo São João encontramos o discurso de despedida de Jesus, que é um resumo da sua trajetória pelo mundo. Jesus fala do amor e da paz, promete-nos o Espírito Santo (o consolador) e nos faz desejar o Reino, recomendando insistentemente que sejamos como Ele e o Pai, e que amemos como Ele nos amou. Por isso quando fala que nos deixa a paz está se referindo à paz duradoura, que só pode vir do Reino e do nosso compromisso com seus valores. Jesus está nos fazendo essa promessa pouco antes de iniciar seu martírio e consumar o plano de reconciliação com Deus. Jesus enfrenta pacificamente a morte e a violência, para que a humanidade pudesse fazer as "pazes" com Deus. É importante lembrar, também, que Jesus Ressuscitado deseja a paz aos apóstolos e, em seguida, os envia em missão: "A paz esteja convosco. Como o Pai me enviou, assim também vos envio" (Jo 20,21).

8. Felizes os perseguidos por causa da justiça, porque deles é o Reino dos Céus.

A síntese das oito bem-aventuranças compreende: desejar, mais que tudo, o Reino dos Céus. Conformar nossa vida à de Cristo é tarefa para todo o nosso caminhar no mundo. Conhecer os valores do Reino até que não é difícil, mas vivê-los exige muito mais de nós. Quando nos empenhamos na defesa desses valores, nós nos deparamos com um muro de adversidades e contravalores. O que o mundo deseja sofre a influência das ambições de poder e interesses mundanos. O mundo está sendo regido pelos verbos ter, querer, satisfazer, aparecer, ganhar, consumir. Sobre isso, Papa Francisco reflete (2020a): "Se o mundo vive em função do dinheiro, quem quer que demonstre que a vida pode ser vivida no dom da renúncia torna-se um incômodo para o sistema de ganância". E aqui não cabe o dito popular "os incomodados, que se mudem". O mundo prefere perseguir e excluir quem o incomoda.

A justiça oferecida pelo Reino de Deus, bem como as pessoas que lutam por ela, continuam sendo perseguidas. Jesus sofreu o martírio por nós, conhece a dureza do coração humano, por isso nos alerta sobre as perseguições. Jesus nos conforta recordando que Ele, Filho de Deus, também foi perseguido e submeteu-se inteiramente à vontade do Pai (cf. Mt 26,39). Na oração, Jesus encontra força para ser fiel ao plano do Pai e nos ensina a confiar em meio às perseguições.

Reflexão bíblica de 1Pedro 3,13-17: A carta de Pedro, como um todo, é uma exortação diante de perseguições sofridas por cristãos. O autor nos convida a uma reflexão sobre o sentido desse sofrimento: ele acontece por causa de Cristo. Não fala de aceitar o sofrimento com conformismo, mas de aceitá-lo como resistência diante da opressão a que somos expostos: apesar de hostilizados por defender os valores, continuaremos a "buscar, em primeiro lugar, o Reino de Deus e sua justiça" (cf. Mt 6,33).

A força dessas orientações está na esperança que nos faz resistir, diante da perseguição, à tentação de ceder e nos tornar como os opressores – isso nos dá a certeza de saber em quem depositamos a nossa confiança (cf. 2Tm 1,12).

Depois de ler a fundamentação, é interessante refletir um pouco. Para ajudá-lo, apresentamos algumas questões:

1. Em seu dia a dia, você tem exercitado a misericórdia? Tem tido um coração puro?
2. Está semeando a paz e suportando qualquer adversidade pelo Reino de Deus?

O ENCONTRO

MATERIAIS

- ✓ Quadro das Bem-Aventuranças, confeccionado no encontro 10.
- ✓ Fichas de 5 cm de altura por 10 cm de comprimento, com as citações bíblicas dos textos complementares das quatro últimas bem-aventuranças.
- ✓ Cola ou fita adesiva para fixar as fichas na bem-aventurança correspondente.

✓ Caixa da Felicidade, usada nos encontros anteriores.

✓ Cartões semelhantes a marca-páginas com a oração que será realizada ao final do encontro, para serem retirados de dentro da Caixa da Felicidade:

Senhor, conceda-me a graça de conduzir minha vida com os valores do Reino dos Céus a me guiarem. Dá-me a graça de ser pobre, humilde, manso, misericordioso, puro de coração, promotor da paz, e que a sede e a fome de justiça me façam suportar as perseguições que possam surgir por causa de Ti. Amém.

PARA INICIAR O ENCONTRO

- Inicie o encontro abordando o texto introdutório do livro do catequizando, destacando a esperança depositada em Deus por aqueles que n'Ele creem.

- Destaque as bem-aventuranças como o caminho que orienta a nossa esperança para Deus e, se oportuno, explore a presença do Espírito Santo a nos fortalecer e guiar nesse caminho.

CRESCER COM A PALAVRA

- Motive os catequizandos para que leiam, em suas Bíblias, o texto: Mt 5,7-12.

- Disponha as fichas de forma aleatória sobre uma mesa. Divida os grupos conforme o número de fichas e peça que leiam a citação selecionada. Oriente-os a discutir em grupo sobre qual bem-aventurança se refere a citação e qual a mensagem que Jesus nos dá sobre ela.

- Depois da discussão, peça que cada grupo partilhe o que compreendeu com os demais colegas, apresentando a leitura do texto bíblico e expondo a sua reflexão. Para fechar cada partilha, cole a ficha com a citação no Quadro das Bem-Aventuranças.

- Na sequência, solicite que anotem as citações no Quadro das Bem-Aventuranças que está no encontro 10 do livro do catequizando.

- Ajude seus catequizandos a compreenderem melhor as bem-aventuranças. Oriente a realização da atividade 1, que consiste na leitura dos textos e nas respostas às perguntas.

🔹 Para a atividade 2, retire da Caixa da Felicidade os envelopes que foram colocados nela no encontro 10 e entregue-os para cada um. Oriente para que releiam as respostas e comparem com o que refletiram sobre as bem-aventuranças. Questione se suas respostas estão coerentes com a proposta de felicidade de Jesus. Depois solicite que completem a frase, no livro do catequizando, a partir do que pensavam sobre felicidade antes e depois de estudarem as bem-aventuranças.

CRESCER NO COMPROMISSO

- Comente o texto do livro do catequizando destacando que Jesus termina o sermão da montanha nos convidando para edificar nossa casa (nossa vida) sobre a rocha firme da sua Palavra, pois assim estaremos sempre firmes e seguros (Mt 7,24).

- Solicite que registrem em seus livros o compromisso de viver a cada dia as bem-aventuranças ensinadas por Jesus.

CRESCER NA ORAÇÃO

- Encerre o encontro refletindo sobre a Caixa da Felicidade. Mencione que durante dois encontros depositamos nela nossos questionamentos, nosso conhecimento, nossas tristezas e alegrias, enfim, semelhante ao que fazemos com nosso viver.

- Relacione a Caixa da Felicidade com o coração de cada um, no qual guardamos os sentimentos mais significativos. Cabe a cada um retirar da caixa de suas vidas o que há de melhor para dividir com o mundo, revelar o que o seu coração tem de mais valioso, sem esquecer que a cada dia devemos colocar nele os valores do Reino dos Céus.

- Passe a Caixa da Felicidade para que retirem de dentro o marca-páginas com a oração. Sugere-se o canto *Conheço um coração* (Padre Joãozinho, SCJ).

- Convide-os a rezar juntos a oração que está no marca-páginas e conclua pedindo que o Espírito Santo ajude a transformar nossos corações. Ao final pode-se repetir o refrão do canto sugerido.

ELA VIVEU DIFERENTE 13

Objetivo

Identificar nas atitudes de Maria um modo de viver diferente, que expressa sua fé e compromisso com Deus e seu Reino.

LEITURA ORANTE

- Como passo importante para o preparo do seu encontro, faça um momento de leitura orante do texto: Lc 1,39-56.

- Propomos também que durante a semana, até o dia do encontro, realize a oração:

    Maria, mulher abençoada a quem chamo bem-aventurada, ensina-me a acolher as palavras de Jesus no silêncio do meu coração, amá-las e vivê-las para que eu possa cantar como você: "O poderoso fez por mim grandes coisas; o seu nome é santo!".

FUNDAMENTAÇÃO PARA O CATEQUISTA

O povo de Israel esperava o Messias e a salvação através d'Ele. Essa promessa era constantemente lembrada pelos profetas, era celebrada e aguardada com fé. Para a realização dessa promessa o Senhor quis que houvesse a livre colaboração de uma mulher: Maria, jovem prometida a José, da casa de Davi (cf. Lc 1,26-27). À pergunta do anjo, ela respondeu prontamente: "Eis aqui a serva do Senhor. Aconteça comigo segundo a tua palavra" (Lc 1,38).

De acordo com a Tradição da Igreja, Maria foi preparada desde a sua concepção para ser a mãe do Salvador, preservada da mancha do pecado original, agraciada por Deus por causa de Jesus. O

Salvador não poderia habitar senão um ser puro e livre. É nela que toda a humanidade conhece o amor imensurável da Trindade:

> Maria, a mãe de Deus toda Santa, sempre virgem, é a obra-prima do Filho e do Espírito na plenitude do tempo. Pela primeira vez no plano da salvação, e porque seu Espírito a preparou, o Pai encontra a Morada em que seu Filho e seu Espírito podem habitar entre os homens. (CIgC, n. 721)

Essa condição de mulher preparada para colaborar no plano da salvação não faz de Maria um ser mágico ou dotado de superpoderes. Como humana, ela também está exposta a tentações, dúvidas e medos. O que a torna especial é sua fé nas promessas de Deus.

Assim como Deus prepara Maria para unir o Céu e a Terra através de Jesus, somos convidados por Ele, por meio das bem-aventuranças, a sermos a ponte que liga nosso viver às alegrias do Reino dos Céus. No Evangelho de Lucas, Maria é anunciada a nós como a primeira e mais perfeita bem-aventurada. Ela é feliz por se colocar inteiramente nas mãos do Senhor. E, quando aceita ser a mãe do Filho de Deus, o faz em nome de toda a humanidade. Maria é modelo perfeito da relação de Deus com a humanidade.

Na anunciação, o anjo pede que ela "se alegre", diz que é agraciada e que o Senhor está com ela. Podemos pensar, então, que o convite também é dirigido a nós: "Alegre-se, humanidade! Jesus, a graça plena, está e estará sempre com vocês". Essa graça, alegria e presença dependeram do "sim" de Maria, e dependem também do nosso "sim" a Deus.

Jesus nos convida constantemente à alegria dizendo que sua base está na escuta da Palavra de Deus e na prática dos seus ensinamentos. Isso é feito primeiro por Maria. Ela escuta a Deus, guarda suas palavras no coração (Lc 2,19) e assume sua missão como mãe de Jesus. Diante da saudação de Isabel, essa alegria transborda em louvor e mostra como Maria está íntima de Deus e do filho que já carrega no ventre. Canta agradecendo, faz memória das promessas do Antigo Testamento e aponta para a presença do Reino de Deus antes mesmo de Jesus falar dele: "Nela e por ela a salvação é anunciada, a promessa, cumprida; na sua própria pobreza o mistério das bem-aventuranças se realiza" (GEORGES *apud* FIORES; MEO, 1995, p. 575).

O *Canto de Maria* revela sua fé em Jesus; expressa que antes de concebê-lo no corpo, concebeu-o no coração. Sem fé não faz sentido que a Palavra se encarne (Jo 1,14). Por encarnar com fé a Palavra de Deus, Maria torna-se a primeira cristã e o modelo mais perfeito de seguidora de Jesus.

Reflexão bíblica de Lucas 1,39-56: A passagem da visita de Maria a Isabel nos faz relembrar de toda a história do povo de Deus e da confirmação da promessa da vinda do Salvador. Do encontro delas surge o primeiro anúncio do Messias por inspiração do Espírito Santo: "Bendito é o fruto do teu ventre" e "Mãe do meu Senhor". As palavras de Isabel e a alegria de João Batista em seu ventre dão a certeza que Maria traz dentro de si o Filho de Deus, sendo aclamada bem-aventurada (feliz) porque ela acreditou no seu Senhor.

Da alegria desse encontro surge o *Magnificat* ou o *Canto de Maria*. Ele segue a estrutura de um salmo de ação de graças iniciado com o desejo de agradecer a Deus através de um louvor. O canto é inspirado em muitas passagens do Antigo Testamento, principalmente no canto de Ana (1Sm 2,1-10). Maria louva em nome do povo e celebra a grande novidade: o Reino de Deus chegou. Podemos ver, também, que ela já compreende a grandeza da sua missão e coloca-se a serviço do povo de Deus. Profetiza o que se cumpre na cruz quando Jesus a entrega como mãe para toda a humanidade.

Maria é pobre e tem um coração pobre que está sempre aberto para Deus, pois sua alma engrandece ao Senhor e seu espírito se alegra em Deus. Seu canto diz que por causa disso todas as gerações a chamarão de bem-aventurada e mostra a sua humildade quando deixa claro que é o Senhor quem faz "grandes coisas", por isso o nome d'Ele é santo.

Ela continua nos apresentando o Reino de Deus que traz a justiça, que se preocupa com os pobres e pequenos, e não com os ricos e soberbos; que exalta a humildade, o acolhimento e a misericórdia que se estendem a todos e para sempre. O *Magnificat* revela a mulher santa e toda de Deus, mas integrada à realidade de seu tempo e de seu povo. Uma mulher que conhece e medita a Palavra, guarda-a no coração e a põe em prática. É uma mulher de fé humilde como a fé do povo, que a cada dia mergulha nas incertezas das provações e dificuldades. Em Maria, por deixar-se guiar pelos ensinamentos de Jesus e por ser fiel e obediente a Deus, as bem-aventuranças se realizam.

Depois de ler a fundamentação, é interessante refletir um pouco. Para ajudá-lo, apresentamos algumas questões:

1. Como Maria, compreendo a minha missão catequética de ser para meus catequizandos aquela que serve ao Senhor?

2. Minha catequese tem sido motivo de alegria e louvor a Deus?

O ENCONTRO

MATERIAIS

- Um crucifixo ou cruz de mesa.
- Uma imagem de Maria (de preferência menor que o crucifixo ou cruz).
- Flores, vela e Bíblia.

Disponha os objetos como se fosse um oratório, da seguinte forma: o crucifixo de frente para os catequizandos e a imagem de Maria diante do crucifixo, mas de costas para os catequizandos (a disposição da imagem de Maria pode causar certo incômodo e, talvez, alguns tentem virá-la; se isso acontecer, reposicione conforme a orientação sem maiores explicações). Decore com as flores e deixe a Bíblia em destaque com a vela ao lado, como você costuma fazer em todos os encontros.

PARA INICIAR O ENCONTRO

- Reflita com os catequizandos sobre o texto de abertura de seus livros destacando a alegria de Maria e Isabel diante dos acontecimentos. Questione se já experimentaram momentos como esse.

- Incentive-os a falar e conduza a partilha apresentando Maria como: escolhida e preparada para ser a mãe do Messias; em sintonia com a Palavra e as tradições de seu povo; disponível e obediente; mulher de fé e modelo a ser seguido. As questões do livro do catequizando auxiliam na compreensão do texto e nas discussões.

CRESCER COM A PALAVRA

- Comece conversando sobre a alegria de sermos filhos de Deus, herdeiros de seu Reino de amor e felicidade. Mencione que alcançá-lo exige de nós um jeito diferente de viver.

- Diga que vamos olhar para a vida daquela que é o maior modelo de fé e de cristã: Maria, a mãe de Jesus.

- Inicie o encontro invocando o Espírito Santo e rezando a oração da Ave-Maria (reze duas vezes, se necessário, para que se atentem às palavras pronunciadas).

> **Dica**
> O Magnificat é um salmo de ação de graças, portanto deve ser lido com a entonação de um poema e de forma melodiosa.

- Realize a leitura do texto bíblico: Lc 1,39-56.

- Motive-os para o silêncio após a leitura, a fim de interiorizarem a Palavra.

- Na atividade 1, ajude-os a perceber a relação da oração da Ave-Maria, que rezaram antes da leitura, com as palavras do texto bíblico.

- Na atividade 2, releia com os catequizandos o texto bíblico e ajude-os a identificar as qualidades de Maria que a fazem bem-aventurada: alegre, humilde, pobre, misericordiosa, obediente e outras que os catequizandos, espontaneamente, podem sugerir. Essas qualidades devem ser escritas ao redor da imagem no livro do catequizando.

- A imagem no livro do catequizando é semelhante àquela que você preparou na ambientação do encontro. Comente a posição da imagem e o fato de ela simbolizar a posição de Maria na Igreja: a primeira cristã; a primeira seguidora de Jesus; a primeira missionária; o exemplo de mulher orante, mulher de fé; a que não interferiu na missão do filho; feliz por ser toda de Deus; a que está à nossa frente mostrando-nos Jesus – Caminho, Verdade e Vida.

- ✝ Finalize destacando com atenção os símbolos do encontro e como eles nos ajudam a compreender Maria.

    - Bíblia e vela: conhecer e viver a Palavra; deixar-se iluminar por ela e apontar para Jesus, luz do mundo.

    - Flores: a alegria de uma vida que é conduzida por Deus e para Deus.

    - Imagem voltada para Jesus: é a mãe de Jesus, mas sabe que Ele é Deus e que a Ele devemos toda honra e louvor; convida-nos a enfrentar nossas cruzes, a segui-lo, buscá-lo, amá-lo e adorá-lo.

- ✝ Incentive-os para, na atividade 3, registrar em um pequeno texto a relação dos símbolos com Maria.

- ✝ Encerre a reflexão destacando que Maria merece todo nosso respeito e devoção, e que ela é nossa grande intercessora. Ela não dá as costas para nós, pelo contrário, volta-nos seu rosto e seu olhar a todo o momento e nos diz: "Vem comigo até meu Filho". Nesse momento, você pode virar a imagem para os catequizandos.

CRESCER NO COMPROMISSO

- Leiam juntos o texto, no livro do catequizando, e oriente para que formulem um compromisso para testemunhar, a exemplo de Maria, um jeito diferente de viver. Peça que registrem no espaço indicado no livro.

CRESCER NA ORAÇÃO

- Comente sobre o *Magnificat* como uma forma de oração muito presente na Igreja. Divida a turma em dois grupos e rezem o *Magnificat* em louvor ao Senhor.

- Para encerrar, sugerimos a canção *Bem-aventurada*, de Ricardo Sá.

ELES VIVERAM DIFERENTE

14

> **Objetivo**
> Entender que aceitar a vontade de Deus é percorrer sem medo o caminho da santidade.

LEITURA ORANTE

- Como passo importante para o preparo do seu encontro, faça um momento de leitura orante do texto: Mt 5,43-48.

- Propomos também que durante a semana, até o dia do encontro, realize a oração:

  "Altíssimo, glorioso Deus, iluminai as trevas do meu coração; dai-me uma fé reta, uma esperança certa e caridade perfeita, sensibilidade e conhecimento, ó Senhor, para que eu cumpra vosso santo e veraz mandamento" (Oração diante do crucifixo – São Francisco de Assis).

FUNDAMENTAÇÃO PARA O CATEQUISTA

"Todos os fiéis cristãos, de qualquer estado ou ordem, são chamados à plenitude da vida cristã e à perfeição da caridade" (LG, n. 40). Por "perfeição da caridade" devemos entender santidade ou a perfeição em Deus. É o próprio Cristo que nos exorta: "Sede perfeitos como vosso Pai celeste é perfeito" (Mt 5,48). Essa é a vocação de todos os cristãos membros de sua Igreja santa e pecadora.

A Igreja é santa porque Jesus, juntamente com o Pai e o Espírito, é o "único Santo". Foi Ele que, amando incondicionalmente, deu a vida pela Igreja para santificá-la. Cristo santifica a Igreja, e ela se torna santificante através d'Ele. Ela é canal de santificação pela graça de

Deus, e a caridade é a alma da santidade à qual somos chamados (cf. CIgC, n. 823-826).

Alcançar a santidade não é mérito humano. É graça de Deus pelo impulso de seu Espírito (cf. CIgC, n. 2683). O Papa Francisco aponta o Espírito Santo como um dispensador de santidade por toda parte. Se não fosse assim, como poderíamos alcançá-la hoje? Ele fala da santidade no povo de Deus: homens, mulheres, filhos, trabalhadores, idosos e tantos mais que continuam a caminhar dia a dia em busca da felicidade (cf. GeE, n. 6-7). Corremos o risco de achar que a santidade só pode ser alcançada por pessoas que se dedicam à vida religiosa e de oração, mas é preciso pensar que ela pode ser alcançada pelo testemunho de cada um de nós em nossos afazeres diários.

A santidade não se resume a um único gesto santo, um acontecimento de extrema caridade que nos concede este título. Ela cresce em nós pela soma de nossas atitudes virtuosas. O Papa Francisco diz que a santidade não nos tira as forças nem a alegria, e que não devemos ter medo de nos deixar amar e libertar por Deus, pois ela não nos torna menos humanos, e sim une a nossa fragilidade com a graça divina (cf. GeE, n. 34).

As bem-aventuranças anunciadas com simplicidade por Jesus são o mais belo caminho para a santidade. A fidelidade ao projeto de Deus torna a pessoa santa e feliz. Alcançar a santidade depende de algumas virtudes essenciais: caridade (a maior delas), fé, misericórdia, oração, perdão.

> Ao abordar cada bem-aventurança na sua exortação apostólica *Gaudete Et Exsultate* (cf. n. 70-94), o Papa Francisco as resume assim:
> *Ser pobre no coração: isso é santidade.*
> *Reagir com mansidão e humildade: isso é santidade.*
> *Saber chorar com os outros: isso é santidade.*
> *Buscar a justiça com fome e sede: isso é santidade.*
> *Olhar e agir com misericórdia: isso é santidade.*
> *Manter o coração limpo: isso é santidade.*
> *Semear a paz ao nosso redor: isso é santidade.*
> *Abraçar diariamente o caminho do Evangelho mesmo que nos acarrete problemas: isso é santidade.*

Reflexão bíblica de Mateus 5,43-48: O texto aponta para algo a mais ou para o diferencial do amor: ir além do que é fácil. Amar os que nos amam, amar os que nos são próximos, que esforço há nisso? No costume do povo judeu, as pessoas eram incentivadas a amarem seus familiares e amigos, mas a odiarem com intensidade os seus inimigos. Jesus redireciona o amor e a caridade ao próximo (a todas as pessoas), ou seja, até àquele que ainda não amamos muito.

Podemos ver na ação de Deus, que faz surgir o sol e cair a chuva sobre os bons e os maus, que seu amor não para nas fronteiras da mente humana. Ele é Pai de todos e está sempre pronto a perdoar, isso é misericórdia recheada de amor. Ele está sempre pronto a amparar e acolher o justo e o pecador, isso é misericórdia recheada de amor incondicional, isso é perfeição.

Depois de ler a fundamentação, seria interessante refletir um pouco. Para ajudá-lo, apresentamos algumas questões:

1. Como falar de santidade aos adolescentes num mundo que está longe dela?
2. Você tem buscado a perfeição em Deus?

O ENCONTRO

MATERIAIS

- Imagem de São Francisco.
- Imagens de outros santos e santas (melhor que sejam impressas).
- Barbante grosso – um pedaço para cada catequizando e catequista (70 cm).

PARA INICIAR O ENCONTRO

- Inicie o encontro apresentando a santidade como uma realidade possível a todos, e não somente aos que estão sempre rezando. Mencione que somos chamados por Deus para viver a felicidade.
- Comente que a Igreja reconhece vários santos, pessoas simples que acolheram e escolheram viver conforme a vontade de Deus.

CRESCER COM A PALAVRA

- Motive-os, a partir da atividade 1, a pensar nos santos que eles e seus familiares conhecem e veneram. Oriente-os a escrever os nomes desses santos. Pergunte por qual motivo admiram esses santos e rezam a eles.

- Encaminhe à leitura bíblica e à atividade 2, propondo as reflexões do texto bíblico.

- Destaque que o melhor jeito de buscar a santidade é viver as bem-aventuranças. Explique que neste encontro conheceremos a história de um santo que viveu muito bem os ensinamentos de Jesus, por isso pode nos mostrar quais são as virtudes de uma pessoa santa que é exemplo de vida.

- Conte a história de São Francisco de Assis. Questione as semelhanças que existem entre o jovem Francisco e eles. Para contar a história sugere-se pesquisar no *site* da Conferência da Família Franciscana do Brasil e/ou ler o conteúdo disponível em: https://franciscanos.org.br/carisma/sao-francisco#gsc.tab=0.

- Oriente-os a olhar com atenção a imagem no livro do catequizando e ler o texto. Fale sobre o que representam os nós do cordão usado por São Francisco, mencionando que os franciscanos o trazem na cintura para lembrá-los de seus votos de pobreza, obediência e castidade.

- Enfatize que, quando somos devotos dos santos, além de rezar pedindo que nos ajudem, somos convidados a buscar a santidade e alcançar a felicidade como eles. Oriente-os a realizar a atividade 3 escrevendo em cada nó do desenho virtudes ou bem-aventuranças que nos conduzem ao Céu.

CRESCER NO COMPROMISSO

- Conduza a dinâmica com os conselhos do Papa Francisco para alcançar a santidade: distribua os barbantes aos catequizandos e fale sobre cada característica apresentada no texto. À medida que compreenderem, peça que façam um nó no cordão comprometendo-se a vivenciar essas características todos os dias, pois elas serão o apoio na corda da santidade que nos leva ao Céu. Para realizar a dinâmica, siga as orientações:

- **Primeiro nó:** Firmeza, paciência e mansidão. Permanecer firmes neste Deus que nos sustenta nos faz suportar as adversidades e agir com mansidão diante delas.

- **Segundo nó:** Alegria e bom humor. Tristeza, amargor, "azedume" e melancolia não podem levar à santidade. A consequência da caridade é a alegria.

- **Terceiro nó:** Ousadia e ardor. A ousadia é o impulso evangelizador que deixa nossa marca no mundo. Jesus pede que não tenhamos medo de anunciar seu Reino com ardor.

- **Quarto nó:** Comunidade. O exercício da santidade se faz em comunidade.

- **Quinto nó:** Oração constante. O santo é alguém com espírito orante que tem necessidade de se comunicar com Deus. É por meio da oração que somos fortalecidos pelo Espírito para perseverar na busca da bem-aventurança eterna.

- Oriente-os a levar o cordão para casa e amarrá-lo em um lugar especial. Assim, sempre que olharem para ele, poderão se lembrar do compromisso que firmaram com a busca da santidade.

CRESCER NA ORAÇÃO

- Conclua com a oração de São Francisco, que está no livro do catequizando. Motive-os para que, durante a oração, segurem o cordão em suas mãos.

DIA DA SOLIDARIEDADE

Proposta para encerramento do bloco, antes da celebração.

OBJETIVO: Vivenciar o estudo das bem-aventuranças e colocar em prática o amor ao próximo.

COM QUEM: Catequizandos de um ou mais grupos do livro 4.

IMPORTANTE: Convide algum coordenador de uma Pastoral Social da comunidade (Pastoral da Criança, da Pessoa Idosa, da Saúde etc.).

ORIENTAÇÕES GERAIS:

- Este momento deve ser realizado ao final do estudo das bem-aventuranças no bloco 3, por isso é necessário que o catequista programe o período para a arrecadação. O planejamento pode ser feito com os catequizandos.

- Incentive os catequizandos para uma coleta de roupas, alimentos, material de higiene pessoal e limpeza. Pode ser estabelecido um período para a coleta, se o catequista considerar uma semana muito pouco.

- É importante, no dia marcado para o final da campanha, convidar o coordenador de uma Pastoral Social para que participe do encontro com o grupo de catequese, de modo a apresentar o trabalho que sua Pastoral faz.

- Para este momento, os catequizandos podem se preparar para explicar o motivo de realizarem a coleta.

> **Dica**
> Se possível, convide mais de um coordenador de uma Pastoral Social para que os catequizandos conheçam melhor a dimensão social da comunidade a que pertencem.

ENTREGA DAS BEM-AVENTURANÇAS

Celebração comunitária

Objetivo

Compreender as bem-aventuranças como um compromisso comunitário de vida nova em Cristo.

LEITURA ORANTE

- Como passo importante para o preparo do seu encontro, faça um momento de leitura orante do texto: Mt 5,1-12.

FUNDAMENTAÇÃO PARA O CATEQUISTA

O bloco 3 foi dedicado ao estudo e aprofundamento das bem-aventuranças, e os objetivos de cada encontro convergiam para uma meta geral: compreender as bem-aventuranças como uma proposta de vida nova em Cristo. O Papa Francisco, em sua exortação apostólica *Gaudete et Exsultate*, nos apresenta as bem-aventuranças como caminho para a santidade, destacando a necessidade de compreendê-las como um chamado à felicidade, pois pautar nossas vidas no Evangelho não tolhe a alegria e o entusiasmo. Antes, as bem-aventuranças se apresentam como a identidade do cristão, pois "nelas está delineado o rosto do Mestre, que somos chamados a deixar transparecer no dia a dia da nossa vida" (GeE, n. 63).

A CELEBRAÇÃO

MATERIAIS

- ✓ Cartões com as bem-aventuranças para entregar aos catequizandos.

PREPARANDO A CELEBRAÇÃO

- Sugere-se que esta celebração aconteça na solenidade de Todos os Santos, em novembro.
- Caso se opte por não esperar, sugerimos que ela aconteça em uma celebração comunitária durante a semana, na qual seja possível substituir o texto do Evangelho pelo texto das bem-aventuranças.
- Os catequizandos podem entrar em procissão no início da celebração. Se houver a procissão, deve-se reservar os bancos para que eles possam se sentar durante a celebração.
- No momento do Evangelho, sugere-se que seja proclamado o texto de Mt 5,1-12 – isso se a celebração acontecer durante a semana (caso se realize no Domingo de Todos os Santos, proclama-se o Evangelho do dia).

ACOLHIDA

Catequista: Comunidade aqui reunida, hoje vamos acolher os catequizandos que celebram conosco um importante momento dentro do itinerário catequético que eles percorrem. Hoje, acompanhados por suas famílias, eles receberão as bem-aventuranças. Vamos acolher com alegria os catequizandos e suas famílias.

ATO PENITENCIAL

Catequista: Vamos refletir e pedir perdão pela falta de cuidado com a vida das pessoas que fazem parte da nossa comunidade, que se encontram em situação de pobreza, injustiça e aflição em relação ao futuro. Após cada pedido, vamos repetir juntos:

Todos: Misericórdia, Senhor!

Catequizando: Peçamos perdão pelas vezes que não fizemos um pobre feliz.

Pai: Perdão pelas injustiças sociais que ferem o ser humano.

Mãe: Perdão pela falta de paz entre as pessoas.

Presidente: Deus, Pai de misericórdia, perdoa nossos pecados e nos conduza à vida eterna.

Todos: Amém.

PROCLAMAÇÃO DA PALAVRA

A Leitura e o Salmo podem ser aqueles apresentados na liturgia do dia que se celebra. No caso de a celebração ser no Domingo de Todos os Santos, segue-se a liturgia do dia.

Catequista: Jesus nos apresenta seus ensinamentos para aqueles que desejam segui-lo. Ele nos mostra que é possível ser feliz vivendo os valores do Evangelho. Ouçamos.

Presidente: Proclamação do Evangelho de Jesus Cristo segundo São Mateus 5,1-12.

Após a Homilia ou reflexão da Palavra, a comunidade permanece sentada enquanto um catequista diz:

Catequista: Queridos catequizandos, vocês refletiram sobre o sentido das bem-aventuranças. Sabemos que este é um programa de vida que Jesus nos oferece; Ele foi o primeiro a vivê-lo e nos deixou o exemplo. As bem-aventuranças são importantes para a vida do cristão. Nosso compromisso de vivê-las exige ouvir e pôr em prática as palavras d'Ele. Nesse momento, vocês são convidados a se aproximarem para receber as bem-aventuranças. Convidamos seus pais, ou responsáveis, para que os acompanhem.

Os catequizandos se aproximam do presidente da celebração que fará a entrega. No caso de um grupo grande de catequizandos, os catequistas podem auxiliar recebendo os cartões do presidente e entregando-os aos catequizandos. Quem entrega o cartão das bem-aventuranças pode dizer as seguintes palavras:

Presidente/Catequista: Receba as bem-aventuranças de Jesus Cristo, nosso Salvador, e faça delas o caminho da sua felicidade!

Catequizando: Amém!

Segue a celebração normalmente.

FÉ REZADA

15 Oração: O grito da fé!

16 A oração me faz íntimo do Senhor

17 A oração comunitária

18 Nossa Senhora no coração do povo de Deus

19 Leitura orante

Neste bloco nos debruçamos sobre a fé rezada, por isso o tema central é a oração. O caminho se inicia com a reflexão sobre a oração pessoal e sua importância na vida do cristão, bem como o auxílio que ela nos dá no cultivo da amizade com o Senhor. Nossa fé é pessoal, mas não individualista, então é necessário refletirmos sobre a oração comunitária e entendê-la como parte do nosso compromisso de fé na formação da comunidade eclesial. Quando se trata de refletir sobre a devoção mariana, é necessário reconhecer o lugar que Maria ocupa no culto católico, na liturgia e na piedade popular, para que nossa devoção não seja desvirtuada.

Ao final do bloco, propomos um momento mariano a ser celebrado com as famílias, na igreja ou capela. A proposta é a oração do terço, meditando os mistérios gozosos e a missão das famílias na caminhada catequética de seus filhos e filhas. O bloco se encerra com a leitura orante, pois, se rezar é cultivar a amizade com o Senhor, não podemos deixar de exercitar a meditação da Palavra.

ORAÇÃO: O GRITO DA FÉ! 15

Objetivo

Compreender o que é a oração e sua importância na vida do cristão.

LEITURA ORANTE

- Como passo importante para o preparo do seu encontro, faça um momento de leitura orante do texto: Mc 10,46-52.

- Propomos também que durante a semana, até o dia do encontro, realize a oração:

    "Senhor, escuta a minha prece, chegue a ti o meu clamor! Não escondas de mim tua face (...) Inclina para mim teu ouvido. Quando te invoco, responde-me depressa!" (Sl 102,3).

FUNDAMENTAÇÃO PARA O CATEQUISTA

A oração e suas formas (CIgC, n. 2558-2643)

Santa Terezinha do Menino Jesus dizia: "Para mim, a oração é um impulso do coração, é um simples olhar lançado ao céu, um grito de reconhecimento e amor" (*apud* CIgC, n. 2558). Sua frase nos ajuda a entender que a oração é uma relação viva e pessoal com o Deus vivo e verdadeiro; quer saibamos ou não, é o encontro entre a sede de Deus e a nossa sede. Deus tem sede que nós, tenhamos sede d'Ele. Nossa oração de pedido é paradoxalmente uma resposta à queixa do Deus vivo que sente a nossa falta.

A oração cristã é uma oração de aliança entre Deus e a pessoa em Cristo. É ação de Deus e do homem; brota do Espírito Santo em nós. Não podemos esquecer que Deus chama, incansavelmente, toda pessoa ao encontro misterioso com Ele. Este encontro se dá por meio da oração em suas diversas formas:

1. **Oração de bênção:** É a resposta da pessoa aos dons de Deus, encontro entre a humanidade e Ele. Essa forma de rezar possui dois movimentos: subida, quando nós bendizemos a Deus pela sua bênção, e descida, quando Deus nos abençoa após nosso pedido.

2. **Oração de adoração**: A adoração é a primeira atitude do ser humano que se reconhece criatura diante de Deus, seu Criador.

3. **Oração de súplica:** Oração de pedido, com insistência. É quando exprimimos a consciência de nossa relação com Deus. O pedido de perdão é o primeiro movimento da oração de súplica, é a condição prévia de uma oração justa e pura. A súplica cristã está centrada no desejo e na procura do Reino.

4. **Oração de intercessão:** É uma oração de pedido, porém não se volta para as nossas intenções, e sim para as do outro. Interceder, pedir em favor do outro, é próprio de um coração que está em consonância com a misericórdia de Deus.

5. **Oração de graças e louvor:** É a oração de um coração agradecido que reconhece a grandeza do Criador e lhe presta admiração.

Reflexão bíblica de Marcos 10,46-52: Este texto fala do cego Bartimeu que, à beira do caminho, grita pedindo a cura. Mesmo com tantas repreensões, ele não se cala, movido pela fé de que será ouvido. Ao comentar esse texto, o Papa Francisco (2020b) nos ajuda a compreender que a oração é o respiro da fé, um grito que sai do coração de quem crê e se confia a Deus. Está, portanto, intimamente ligada à fé, visto que rezar é como ter duas mãos levantadas e uma voz que grita para implorar o dom da salvação (PAPA FRANCISCO, 2020b). O personagem Bartimeu se encontra em uma situação dolorosa: além da cegueira, é excluído, está à margem do caminho e da vida. Ao escutar Jesus que passa, ele grita para chamar sua atenção. O seu grito é um ato de fé, é um protesto contra uma condição penosa da qual não compreende o motivo. Uma característica da fé é a esperança de ser salvo, enquanto a falta de fé é acostumar-se com o mal que nos oprime e nada fazer para mudá-lo; muitas vezes nos resta apenas rezar ou gritar até que Deus nos escute, como fez Bartimeu.

Precisamos compreender que, mais forte do que qualquer argumentação contrária, no coração humano há uma voz que invoca; uma voz que sai espontaneamente, sem que ninguém a governe; uma voz que se interroga sobre o sentido do nosso caminho na Terra, especialmente quando nos encontramos na escuridão. O ser humano é um mendigo de Deus, que se volta para Ele com a confiança de que escutará seu grito e clamor.

Depois de ler a fundamentação, reflita um pouco. Para ajudá-lo, apresentamos algumas questões:

1. Como você está cuidando da sua vida de oração?
2. Você se reconhece um testemunho da vida de oração para seus catequizandos?

O ENCONTRO

MATERIAIS

- Pequenas tarjas de papel, preferencialmente coloridas (uma para cada catequizando).
- Canetinhas coloridas ou pincel atômico (quantidade suficiente para os catequizandos).
- Uma tarja de papel, de tamanho grande, com a frase: O QUE É ORAÇÃO?
- Vela, Bíblia e flores.
- Prepare seu espaço do encontro de forma que todos possam se olhar e partilhar ideias com mais proximidade.
- Arrume, em um lugar de destaque, a vela, a Bíblia e as flores.

PARA INICIAR O ENCONTRO

- Acolha todos os catequizandos e apresente o tema do encontro. Convide-os a pensar sobre o que significa, para eles, rezar.

CRESCER COM A PALAVRA

- Prepare o momento da oração com alguns instantes de silêncio (uma música ambiente pode ajudar). Peça que cada um se coloque na presença de Deus (podem estar sentados). Oriente-os a rezar a oração que está no livro do catequizando em silêncio e depois em voz alta.
- Após a oração, entregue para cada catequizando uma tarja de papel e uma caneta/pincel colorido.
- Mostre a tarja com a pergunta: O QUE É A ORAÇÃO? Coloque-a no chão, no meio deles.
- Peça que escrevam uma palavra que, na opinião deles, define a oração. Oriente-os a transcrever essa mesma palavra na atividade 1 de seus livros.
- Deixe um tempo para que escrevam.
- Convide-os a acompanhar a leitura do texto bíblico: Mc 10,46-52.
- Após a leitura, peça que cada um apresente a palavra que escreveu para definir a oração (todos devem colocar suas tarjas ao lado da que já está no chão).
- Depois da apresentação, o catequista relaciona as palavras com a definição de oração (a fundamentação bíblica pode ajudar).
- É importante deixar claro o que é a oração e qual a sua importância em nossa vida.
- **Atividade com as formas de oração:** Divida os catequizandos em três grupos. O tema deve ser assim distribuído:
  - Grupo 1: Oração de bênção.
  - Grupo 2: Oração de adoração e oração de súplica.
  - Grupo 3: Oração de intercessão e oração de ação de graças e louvor.

- Cada grupo deve ler a descrição da oração, preparar uma explicação sobre ela e formular uma oração de acordo com a reflexão. Oriente-os a transcrever a oração composta pelo grupo na atividade 2.
- No momento da partilha, complete as informações quando necessário.

CRESCER NO COMPROMISSO

- Oriente os catequizandos para que, em casa, apresentem às famílias as formas de oração. Peça que escolham juntos uma dessas formas para escrever uma oração à família.

CRESCER NA ORAÇÃO

- Oriente para que leiam juntos, e em voz alta, a oração produzida durante o trabalho em grupo no item *Crescer com a Palavra*. Sugerimos a seguinte ordem para as leituras: grupo 3, grupo 2 e grupo 1.

Anotações

LEMBRETE

A oração escrita em família será usada na oração inicial do próximo encontro.

16 A ORAÇÃO ME FAZ ÍNTIMO DO SENHOR

Objetivo

Compreender que a oração é um meio de cultivar a amizade com o Senhor.

LEITURA ORANTE

- Como passo importante para o preparo do seu encontro, faça um momento de leitura orante do texto: Mt 6,5-8.

- Propomos também que durante a semana, até o dia do encontro, realize a oração:

    "Ó Deus, tu és meu Deus; a ti procuro, minha alma tem sede de ti, todo o meu ser anseia por ti como a terra ressequida, esgotada, sem água" (Sl 63,2).

FUNDAMENTAÇÃO PARA O CATEQUISTA

A oração é um movimento livre de cada pessoa, no entanto existem três expressões principais da vida de oração: a vocal, a meditação e a contemplação. Ainda que diferentes, elas possuem características comuns: o recolhimento do coração, a vigilância em guardar a Palavra e a permanência na presença de Deus.

As expressões da oração (cf. ClgC, n. 2699-2719)

A oração vocal: Deus fala ao ser humano por sua Palavra, e é por palavras, mentais ou vocais, que falamos com Ele. A oração vocal é um dado indispensável da vida cristã. Podemos identificar essa forma de oração nos Evangelhos quando Jesus elevava a voz para exprimir sua oração pessoal, desde a bênção exultante ao Pai até a angústia do Getsêmani. As palavras que usamos para rezar devem ser expressão de nosso interior, e não apenas reprodução de algo que sabemos de cor.

A meditação: a meditação é sobretudo uma procura. O espírito procura compreender o porquê e o como da vida cristã, a fim de aderir e responder ao que o Senhor pede. Meditando o que lê, o leitor se apropria do conteúdo lido, confrontando-o consigo mesmo. Passamos dos pensamentos à realidade conduzidos pela humildade e pela fé, descobrimos os movimentos que agitam o coração e podemos discerni-los ao perguntar: "Senhor, que queres que eu faça?". É importante avançar com o Espírito Santo pelo único caminho da oração: Jesus Cristo. A meditação mobiliza o pensamento, a imaginação, a emoção e o desejo. Essa mobilização é necessária para aprofundar as convicções da fé, suscitar a conversão do coração e fortificar a vontade de seguir a Cristo. A oração cristã deve procurar o conhecimento do amor do Senhor e a união com Ele.

A contemplação: A oração de contemplação é a expressão mais simples do mistério da prece; é a escuta da Palavra de Deus. A oração mental é a busca d'Aquele que nosso coração ama. É o olhar fixo em Jesus; a busca do silêncio interior e exterior que nos conduz para o encontro com o Pai, por meio do Filho. É preciso escolher o momento para rezar e determinar a duração, lembrando que é o coração o lugar da busca e do encontro, na pobreza e na fé. Entrar em oração é recolher nosso ser, habitar na morada do Senhor, a fim de nos entregar a Ele como uma oferenda que precisa ser transformada.

Reflexão bíblica de Mateus 6,5-8: No texto bíblico, Jesus nos convida a buscar mais intimidade com o Pai por meio da oração feita no silêncio do nosso interior. O Papa Francisco (2020b) também afirma que a oração nasce no segredo de nós mesmos, naquele lugar interior a que muitas vezes os autores espirituais chamam de coração. A oração é um impulso, uma invocação que vai além de nós mesmos: algo que nasce no íntimo da nossa pessoa e que se estende, pois sente-se a nostalgia de um encontro. A oração é a voz de um "eu" que tropeça, que procura às cegas um "Tu". A oração do cristão nasce de uma revelação: Deus não permanece envolvido no mistério, mas vem até nós, entra em relação conosco e oferece sua amizade. Deus é o amigo, o aliado, e na oração podemos pedir tudo, explicar tudo, contar tudo. Não importa se no nosso relacionamento com Deus nos sentimos em falta, Ele continua a nos amar. Deus está sempre à porta do nosso coração e espera que a abramos. Ele às vezes bate à porta, mas não é indiscreto; Ele espera que estejamos abertos para com Ele conversar.

> Depois de ler a fundamentação, reflita um pouco. Para ajudá-lo, apresentamos algumas questões:
>
> 1. Como você tem alimentado sua intimidade com Deus?
> 2. Qual tem sido sua preocupação em ajudar seus catequizandos a tornarem-se íntimos de Deus pela oração?

O ENCONTRO

MATERIAIS

✓ Três tarjas de papel com as seguintes frases escritas:

- **Tarja 1:** Eu rezo, com fé e confiança, mas permaneço em mim, consciente da grandeza de Deus e da minha pequenez.

- **Tarja 2:** Eu me conecto com Deus, de maneira que sou envolvido por Ele. Ainda conservo a consciência da minha pequenez, mas Deus me envolve com seu amor.

- **Tarja 3:** A oração se torna tão profunda que sou completamente tomado por Deus, nenhuma dimensão do meu ser escapa da sua presença de amor. Estou n'Ele e Ele está em mim.

PARA INICIAR O ENCONTRO

- Organize os catequizandos em círculo.
- Comente que a oração é um meio de nos aproximarmos de Jesus, de fazermos o nosso encontro com Ele. Destaque alguns aspectos do texto introdutório ou leia-o com eles. Depois convide a todos para se colocarem em uma atitude orante. Uma música ambiente pode ajudar.

- Recorde a definição de oração como respiro da alma e grito do coração, que foi trabalhado no encontro 15.
- Lembre que em casa eles escreveram uma oração com suas famílias. Convide-os para que, sem pressa, cada um a reze.
- Quando todos tiverem partilhado a sua oração, convide-os a rezar juntos o versículo do Salmo 62, que está no livro do catequizando.

CRESCER COM A PALAVRA

- Leia o texto do encontro: Mt 6,5-8.
- Peça que eles acompanhem em suas Bíblias.
- Motive-os para que, com base no texto bíblico, respondam aos questionamentos na atividade 1.
- Com a ajuda da fundamentação teórica, explore as expressões da oração como maneira de se aproximar de Deus.
- Oriente os catequizandos para a leitura do texto no livro.
- Peça que observem o desenho no livro e mencione que ele será usado para as respostas das atividades 2, 3 e 4.
- Na atividade 2, eles deverão relacionar os símbolos com as formas de oração. Para isso devem ler o texto no livro e escrever as respostas no espaço identificado com a letra a.
- Para a atividade 3, eles deverão organizar as palavras que estão embaralhadas para formar os versículos e reescrevê-los no espaço identificado com a letra b. A resposta correta da atividade é:
  - Frase 1, abaixo da boca: "Abre Senhor os meus lábios, e a minha boca proclamará o teu louvor" (Sl 51,17).
  - Frase 2, abaixo do coração: "Ó Deus, cria em mim um coração puro, renova-me por dentro com um espírito decidido" (Sl 51,12).
  - Frase 3, abaixo dos olhos: "Com os olhos em ti, Senhor Deus, refugie-me junto de ti" (Sl 141,8).
- Mostre as tarjas com as frases escritas e, de acordo com a atividade 4, oriente-os a identificar a ação correspondente a cada forma de oração. Peça que as escrevam no espaço identificado pela letra c.

CRESCER NO COMPROMISSO

- Motive-os para o compromisso da semana, destacando que a oração é um exercício da mente e do coração.

- Oriente-os a escolher três dias da semana para realizarem os seguintes compromissos:

    - **Primeiro dia:** reservar um momento para fazer uma oração vocal.
    - **Segundo dia:** reservar um momento para meditar o texto de Mt 6,5-8.
    - **Terceiro dia:** reservar um momento para exercitar a contemplação. Sugira que façam uma visita à igreja ou capela do Santíssimo e permaneçam alguns instantes em silêncio diante do Sacrário.

CRESCER NA ORAÇÃO

- Se possível, leve os catequizandos até a igreja ou capela do Santíssimo.

- Releia o texto de Mt 6,5-8 e convide-os para, seguindo a orientação de Jesus, se recolher em silêncio e rezar no segredo do seu coração.

- Conclua este momento com a seguinte oração:

Catequista: *"O Senhor te abençoe e te guarde. O Senhor faça brilhar sobre ti sua face, e se compadeça de ti. O Senhor volte para ti sua face e te dê a paz"* (Nm 6,24-26).

Todos: *Amém.*

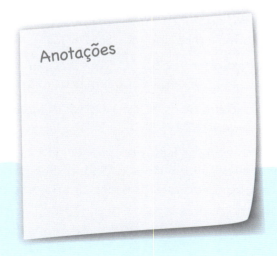

A ORAÇÃO COMUNITÁRIA

17

> **Objetivo**
>
> Compreender a oração comunitária como parte do compromisso de fé na formação da comunidade eclesial.

LEITURA ORANTE

- Como passo importante para o preparo do seu encontro, faça um momento de leitura orante do texto: Lc 2,41-52.

FUNDAMENTAÇÃO PARA O CATEQUISTA

O Catecismo da Igreja Católica (n. 2650) nos diz: "A oração não se reduz ao surgir espontâneo de um impulso interior; para rezar é preciso querer (...) é indispensável aprender a rezar (...) a Igreja crente e orante ensina os filhos de Deus a rezar".

Temos na comunidade eclesial um espaço de aprendizado e aprofundamento, no qual o exercício da oração pessoal nos abre para a oração comunitária promovendo o fortalecimento e crescimento na fé. A catequese contribui para que seus interlocutores possam aprender a rezar e crescer na vida de oração, como também para fazer a experiência de oração comunitária compreendendo que podem aprender a rezar com a Igreja e na Igreja. Na catequese, quando ensinamos os catequizandos a rezarem, não se trata apenas de memorizar fórmulas estranhas, mas saber palavras que tocam o coração e revelam um sentimento interior quando pronunciadas.

Ao falar da oração comunitária entramos na dimensão da religiosidade popular, momentos em que a Igreja se reúne para rezar. Falamos de terços, novenas, procissões, peregrinações, enfim, momentos ricos que devem nos ajudar a aprofundar a consciência de que somos filhos de Deus, acolhidos por Ele em nossa singularidade.

O Documento de Aparecida apresenta a religiosidade popular como lugar para o encontro com Cristo, como forma de expressar a fé presente na dinâmica social, refletindo a sede de Deus no coração humano. Para que os momentos de oração da comunidade contribuam com o crescimento do discipulado é preciso procurar contato mais direto com a Palavra de Deus e maior participação nos sacramentos, na celebração da Eucaristia, na vivência do amor fraterno, no serviço solidário. Assim, "será possível aproveitar ainda mais o rico potencial de santidade e justiça social que a mística popular encerra" (DAp, n. 262).

Reflexão bíblica de Lucas 2,41-52: Somos colocados diante de um retrato da vida familiar de Jesus: Ele, Maria e José fazem parte de uma peregrinação para Jerusalém. Cumprem um preceito religioso e participam em família de um momento de fé comunitária. Esse texto nos mostra a importância do cultivo da fé em família e no meio de seus irmãos de fé. É bom dizer que as peregrinações podem estar associadas à nossa caminhada pela Terra em direção ao Céu. São tradicionalmente momentos fortes de renovação da oração pessoal e comunitária. Não vamos nos deter na explicação da fala de Jesus, e sim no quadro como um todo: uma família que reza em comunidade. Isso nos recorda que "a família cristã é o primeiro lugar da educação para a oração (...) ela é a Igreja doméstica, onde os filhos de Deus aprendem a orar (...) Para as crianças, particularmente, a oração familiar cotidiana é o primeiro testemunho da memória da vida da Igreja" (CIgC, n. 2685).

LEIA PARA APROFUNDAR

- Catecismo da Igreja Católica, número 2688.
- Documento de Aparecida, números 37 e 258.

Depois de ler a fundamentação, reflita um pouco. Para ajudá-lo, apresentamos algumas questões:

1. Como você entende a oração comunitária?
2. Qual a importância da oração comunitária em sua vida?

O ENCONTRO

MATERIAIS

- ✓ Palitos de picolé: dois palitos para cada catequizando e mais dez que serão utilizados na dinâmica.
- ✓ Cola branca (para colar os palitos).
- ✓ Pincel atômico ou canetinhas coloridas (para escrever nos palitos).
- ✓ Papel Kraft para colar os palitos.

PARA INICIAR O ENCONTRO

- Acolha todos com alegria. Destaque que nos encontros anteriores refletimos sobre o exercício da oração pessoal e sobre como ela nos aproxima de Deus.
- Comente que neste encontro vamos refletir sobre a oração comunitária, que são os momentos em que a Igreja se reúne para rezar.

CRESCER COM A PALAVRA

- Convide-os a acompanhar a leitura do texto: Lc 2,41-52.
- Destaque a atitude de Jesus e sua família ao participarem de uma festa comunitária. Chame a atenção deles para a importância de rezar com a Igreja, conforme apresentado na *Fundamentação para o catequista* (reflexão do texto bíblico).
- Convide os catequizandos para um momento de oração. Recorde alguns pontos dos encontros anteriores sobre a oração pessoal.
- Distribua dois palitos de madeira para cada catequizando (reserve os que sobrarem).
- Motive para que cada um escreva seu nome em um dos palitos e uma intenção para a oração no outro.
- Convide-os a rezar o Pai-nosso.
- Oriente para que transcrevam a intenção do palito na atividade 1.
- Conduza os catequizandos a "construírem uma igreja", de acordo com os passos:
  - Peça para que montem a fachada de uma igreja organizando os palitos até comporem o desenho.

143

- Com a fachada montada, peça para colarem os palitos de modo que a parte escrita apareça.
- Após a atividade, peça que todos olhem para o desenho formado com os palitos. Destaque que alguns palitos estão em branco, pois representam a oração de tantos outros que contribuem para a edificação da Igreja de Cristo.
- Mencione que juntos eles construíram a imagem de um Templo, e essa imagem remete a Jesus e sua família, que foram em peregrinação até Jerusalém. Por isso, quando eles vão rezar em família na Igreja, estão repetindo o gesto de Jesus que visita a casa do Pai para rezar com seus irmãos.
- Se por acaso sobrar palitos, isso pode ser relacionado ao fato de que muitos não participam da vida da Igreja. Embora às vezes não pareça, são pessoas que fazem falta, por isso a Igreja, como família de Cristo, vai em busca de quem está longe.
- Encaminhe a atividade 2 mencionando as diversas modalidades de oração comunitária e comente os grupos de oração, as procissões, as romarias, os encontros do Papa com a juventude, entre outras. Oriente-os a identificar essas modalidades em cada uma das imagens.
- A sequência correspondente é: 1. Grupo de oração, 2. Procissão de *Corpus Christi*, 3. Romaria ao Santuário de Aparecida, 4. Via-Sacra, 5. Missa, 6. Jornada Mundial da Juventude.

CRESCER NA ORAÇÃO

- Peça que olhem para o desenho que formaram e lembrem a intenção que escreveram. Afirme que primeiro eles pensaram, escreveram e rezaram, depois as intenções de todos foram unidas em um mesmo desenho. Isso ensina que ao formar a Igreja não rezamos apenas por nossas intenções, mas fazemos uma oração comunitária, já que também rezamos pelas intenções de nossos irmãos e irmãs.
- Motive-os para que rezem juntos o Salmo 100(99) em seus livros.

CRESCER NO COMPROMISSO

- Recorde que a oração comunitária é parte do compromisso de fé na formação da comunidade.
- Incentive-os a pesquisar em quais momentos e de que forma sua comunidade se reúne para a oração. Oriente-os a participar de um desses momentos e depois fazer um registro da experiência.

NOSSA SENHORA NO CORAÇÃO DO POVO DE DEUS

18

Objetivo

Reconhecer o lugar que Maria ocupa no culto católico, na liturgia e na piedade popular.

LEITURA ORANTE

- Como passo importante para o preparo do seu encontro, faça um momento de leitura orante do texto: Jo 2,1-12.

- Propomos também que durante a semana, até o dia do encontro, realize a oração:

    Maria, mãe de Deus e nossa mãe, seja nossa intercessora durante a caminhada catequética para que possamos ser serventes do vinho novo que traz vida e felicidade àqueles que o Senhor nos confiou.

- Em seguida, reze uma dezena do terço a cada dia por seus catequizandos.

FUNDAMENTAÇÃO PARA O CATEQUISTA

O Papa Paulo VI, por ocasião do Concílio Vaticano II, quis que a **veneração** à virgem Maria ficasse bem definida para os fiéis: Maria foi exaltada pela graça de Deus acima de todos os anjos e de todos os homens, logo abaixo de seu Filho, por ser a

> QUANDO FALAMOS EM VENERAR MARIA, ESTAMOS FALANDO EM DEDICAR RESPEITO, EM TER GRANDE CONSIDERAÇÃO POR ELA (cf. SC, n. 103).

mãe santíssima de Deus e, como tal, haver interferido nos mistérios de Cristo: por isso a Igreja a honra com um culto especial (cf. LG, n. 66). A **devoção** à Maria, entretanto, acontece desde os primeiros passos da Igreja e manifesta-se em gestos de amor e carinho de um povo que muito se identifica com a mãe, toda humana e toda de Deus. Tal devoção tem sua origem em Cristo e só faz sentido assim, pois Ele é o centro do culto cristão.

> QUANDO FALAMOS DE DEVOÇÃO NOS REFERIMOS AO PROFUNDO SENTIMENTO QUE DESENVOLVEMOS EM NOSSO CORAÇÃO MEDIANTE UMA CONFIANÇA INCONDICIONAL DE FIDELIDADE, DEDICAÇÃO E APEGO SINCERO À MARIA (cf. VELASCO *apud* FIORES; MEO, 1995).

Maria ocupa um lugar único no plano de salvação de Deus, desde a anunciação até a morte de Jesus na cruz, ocasião em que sua "maternidade se estende aos irmãos e irmãs de seu Filho que ainda são peregrinos e expostos aos perigos e misérias" (cf. LG, n. 62). Este fato lhe dá merecimento a um lugar único no culto cristão. Quando a Igreja celebra o Mistério Pascal de Cristo encontra Maria intimamente ligada ao Filho. Quando celebramos o Filho encontramos a mãe, quando celebramos a mãe encontramos o Filho.

O Concílio Vaticano II preocupou-se em colocar em sintonia a liturgia e as mudanças socioculturais pelas quais o povo cristão passava no século XX. Por consequência, tratou também de sintonizar a devoção mariana. O Concílio delibera que, "celebrando o ciclo anual dos mistérios de Cristo, a Igreja venera, com amor peculiar, a bem-aventurada mãe de Deus, Maria, que está intimamente associada à obra salutar de seu Filho" (SC, n. 103). Recomenda que os fiéis promovam prioritariamente o culto litúrgico e valorizem práticas e exercícios de **piedade** em honra à Maria (cf. LG, n. 67). Alerta também para que não haja exageros nessas práticas que possam afastar Cristo do centro da vida da Igreja.

> QUANDO FALAMOS EM PIEDADE MARIANA APONTAMOS PARA AS DIVERSAS MANIFESTAÇÕES CULTURAIS, INDIVIDUAIS OU COMUNITÁRIAS COM AS QUAIS OS CRISTÃOS DEMONSTRAM SEU CARINHO PELA MÃE DE DEUS. ELAS NASCEM DE FORMA ESPONTÂNEA E ESTÃO LIGADAS A TRADIÇÕES, FESTIVIDADES, MEMÓRIA E SIMPLICIDADE COM QUE MANIFESTAMOS NOSSA DEVOÇÃO (cf. AGOSTINO *apud* FIORES; MEO, 1995).

Como mãe de Cristo, Maria é quem primeiro o celebra e junto d'Ele vive todo o mistério da Encarnação, Morte e Ressurreição. Ela é modelo de oração por excelência, por isso rezar com ela e para ela é mais que natural. A Igreja sempre deixou claro que toda oração é trinitária, dirigida ao Pai, ao Filho e ao Espírito Santo. Então, por que rezar à Maria? Por conta de sua proximidade com o Cristo e com a humanidade, ela é canal da graça que vem de Deus. Ela não é deusa, mas aprendeu d'Ele a ser serva e, com isso, prestar serviço a toda a humanidade (cf. CNBB, 1998).

A devoção mariana no decorrer do Ano Litúrgico apresenta três tipos de celebrações: as solenidades, as festas e as memórias. As solenidades são os momentos de maior destaque dado à Virgem na celebração dos mistérios de Cristo: Santíssima Mãe de Deus (1º de janeiro), Anunciação (25 de março), Assunção (15 de agosto) e Imaculada Conceição (8 de dezembro), além da solenidade dedicada a Nossa Senhora Aparecida no caso específico do Brasil. As festas são celebrações que comemoram eventos salvíficos, nos quais Maria esteve estreitamente unida a seu Filho: Apresentação de Jesus (2 de fevereiro), Visitação (31 de maio) e Natividade de Maria (8 de setembro). As memórias ou festas de devoção podem estar relacionadas a diversos fatores, mas trazem em comum o fato de se popularizarem em toda a Igreja; algumas são obrigatórias, outras são facultativas. São obrigatórias: Maria Rainha (22 de agosto), Nossa Senhora das Dores (15 de setembro), Nossa Senhora do Rosário (7 de outubro) e Apresentação de Nossa Senhora (21 de novembro). São exemplos de memórias facultativas: Nossa Senhora de Lourdes (11 de fevereiro), Imaculado Coração de Maria (Sábado após o Sagrado Coração de Jesus), Nossa Senhora do Carmo (16 de julho) e Dedicação da Basílica de Santa Maria Maior (5 de agosto).

No âmbito da devoção e piedade popular podemos colocar inúmeras práticas que estão no coração do povo. Sem dúvida as recitações do rosário, que perpassam toda a vida de Jesus, e a oração da Ave-Maria ocupam o topo dessas práticas. Acrescentamos a elas as novenas, ladainhas, procissões, peregrinações, promessas, Consagração a Nossa Senhora, o mês de maio e suas tradicionais coroações, entre tantas outras que trazem Maria para mais perto de seus filhos.

Reflexão bíblica de João 2,1-12: O casamento de Caná simboliza a união de Cristo com a humanidade. Um Deus, muito apaixonado por nós, deseja firmar uma aliança na qual amor e fidelidade conduzem à eterna felicidade. Maria está nessa aliança e representa o povo do Antigo e do Novo Testamentos que vem com seu Filho. O vinho simboliza a alegria que acaba, desgastada pela injustiça, pelo pecado, pela dureza dos corações humanos. É preciso vinho novo que vem por Jesus e sua proposta de felicidade centrada no Reino de Deus.

Quando Maria intercede em Caná, não está somente pedindo que Jesus faça alguma coisa; ela está assumindo o problema dos noivos, assim como assume os nossos. Não se trata somente de compaixão. Trata-se de compromisso com o projeto de Jesus que ela assumiu quando disse "sim" a Deus.

Curiosamente, a resposta de Maria ao anjo – "Faça-se em mim segundo a tua palavra" – é sugerida pela serva do Senhor aos serventes da festa: "Façam tudo o que Ele disser". E isso é o que Maria nos pede: seguir Jesus. Por causa desse sinal, os discípulos creram em Jesus. Maria ajudou-os a ter fé e acompanhar Jesus. E é isso que a sua devoção nos oferece: Maria, mulher atenta às nossas necessidades, pede ao Filho por nós. No gesto de Maria em Caná, podemos ver sua bondade, sua compaixão e a sua amável intercessão pelo bem das pessoas.

Depois de ler a fundamentação, seria interessante refletir um pouco. Para ajudá-lo, apresentamos algumas questões:

1. Você tem estado atento às necessidades dos seus catequizandos?
2. Você tem sido esse mediador entre as necessidades e a vontade de Deus?

O ENCONTRO

MATERIAIS

- Imagem de Maria.
- Coroa (pode ser feita do material que desejar) conforme o tamanho da imagem de Maria.
- Cartões em forma de flor para escrever pedidos.

PARA INICIAR O ENCONTRO

- Comece o encontro conversando com os catequizandos sobre o significado das palavras *devoção* e *piedade*. Diga que Maria é centro de afetos especiais de nossa parte.

- Diferencie a adoração (que fazemos só a Deus Pai, Filho e Espírito) da veneração que temos por Maria. Aproveite para explicar que não devemos fazer genuflexão ou vênia diante das imagens de Maria.

CRESCER COM A PALAVRA

- Conduza a reflexão do texto bíblico que apresenta Maria como intercessora e oriente-os na realização da atividade 1.

- Converse sobre as muitas formas de devoção a Nossa Senhora e mostre a diferença entre o culto litúrgico e a piedade popular, conforme a fundamentação para o catequista.

- Oriente a realização da atividade 2, identificando as formas de devoção mariana presentes na comunidade dos catequizandos. Utilize como base o texto a seguir:

Ladainha: Palavra de origem grega que quer dizer "súplica". Ladainhas são orações feitas de forma dialogada que exaltam os títulos e atributos de Maria.

Novena: Conjunto de orações e celebrações realizadas durante nove dias para que se possa obter uma graça divina.

Terço: Sequência de orações e saudações direcionadas à mãe de Deus, na qual meditamos os principais acontecimentos da vida de Cristo. O terço é composto por cinco mistérios, e cada grupo de mistérios é nomeado de acordo com os acontecimentos a que se refere: gozosos, dolorosos, gloriosos e luminosos.

Romaria: Viagem ou peregrinação a lugares santos e de devoção, feita por fiéis que querem pedir graças, pagar promessas ou agradecer as graças alcançadas.

Coroação de Nossa Senhora: Festividade na qual crianças vestidas como anjos cantam hinos de louvor a Maria, coroam sua imagem e levam flores a ela.

- Entregue aos catequizandos o cartão em forma de flor e oriente a atividade 3. Os cartões serão depositados aos pés de Maria no momento da coroação.

CRESCER NA ORAÇÃO

Nossa oração nos fará lembrar uma prática comum em quase todas as paróquias no Brasil: as coroações que tradicionalmente encerram o mês de maio. Por meio da recitação do terço meditamos os acontecimentos mais importantes da vida de Jesus. As duas últimas dezenas dos mistérios gloriosos são dedicadas à Maria e nos lembram de que ela é elevada aos céus, onde é coroada por anjos como rainha do Céu e da Terra. A tradição de coroar Nossa Senhora de forma simbólica nasceu com a Igreja oriental há milhares de anos, sendo celebrada sete dias após a festa da Assunção da mãe de Cristo, no dia 22 de agosto. No Ocidente tornou-se popular na Europa durante a Idade Média, associada às festas da primavera que lá acontecem no mês de maio, por isso a maioria das coroações acontece em maio.

A coroa é o símbolo mais importante da realeza. A sua forma circular simboliza perfeição e uma ligação com o divino, pois a pessoa que a recebe une o que está abaixo e acima dela, o que faz dela uma conexão entre o terreno e o celestial, o humano e o divino. A coroa mostra poder, autoridade, liderança, legitimidade, imortalidade e humildade, e encontrarmos em Maria todas essas características. É esta a rainha que coroamos. A rainha mãe de Jesus, a rainha filha do Altíssimo, a rainha que chamamos "mãezinha". Essa coroação quer mostrar nosso desejo de sempre amá-la e venerá-la como modelo de cristã e nossa intercessora.

- Providencie que a coroa seja passada de mão em mão. Convide os catequizandos para que, quando tiverem a coroa em mãos, digam em oração à Maria: *Ó mãe querida, peço que seja Senhora e rainha...* (motive-os a completar espontaneamente).

- Se achar conveniente, sugerimos encerrar o momento com a música *Senhora e rainha*, do Padre Zezinho, e com a oração da Salve Rainha.

CRESCER NO COMPROMISSO

- Oriente-os para que se comprometam a rezar, com suas famílias, uma dezena do terço todos os dias durante esta semana, nas intenções de seus familiares e de todos os colegas.

MOMENTO MARIANO EM FAMÍLIA

OBJETIVO: Vivenciar um momento de oração e meditação.

QUANDO: Marcar um momento com as famílias dos catequizandos. Importante que seja realizado após o último encontro do bloco 4 e antes da leitura orante.

PREPARANDO O MOMENTO

- Prepare cartões como lembrança para as famílias com a seguinte frase: "A família cristã é o primeiro lugar da educação para a oração" (CIgC, n. 2685).
- Convide as famílias dos catequizandos e peça que todos tragam o terço.
- Escolha as pessoas para lerem as meditações, que estão no livro do catequista: catequistas, mães, pais, avós, catequizandos.
- Os mistérios escolhidos serão os gozosos (independentemente do dia a se realizar este momento).
- O momento de oração pode ser realizado na capela, igreja ou sala dos encontros de catequese.
- Prepare cantos para os momentos entre os mistérios.

ACOLHIDA

Dirigente: Queridos catequizandos e familiares, hoje nos reunimos para rezar em família e com nossas famílias. Em alguns instantes de silêncio apresentemos a Deus, por meio de Maria, as intenções para este momento orante... Iniciemos invocando a Santíssima Trindade:

Todos: Em nome do Pai e do Filho e do Espírito Santo.

ORAÇÃO DO TERÇO

1º MISTÉRIO: O ANÚNCIO DO ANJO À MARIA

✝ Texto bíblico: Lc 1,26-38.

Catequista: Nos diz o Papa Francisco, na exortação sobre o amor na família, que ela é o espaço da geração e do acolhimento da vida como um presente de Deus, desde o momento de sua concepção. É importante compreender que cada criança necessita de acolhimento e cuidado, bem como assumir que ela é um ser humano que necessita de reconhecimento em sua individualidade e dignidade. O amor paterno e materno é expressão do amor de Deus Pai, que espera, aceita e acolhe com ternura o nascimento de cada criança (cf. AL, n. 166; 168; 170).

Após a reflexão, reza-se um Pai-nosso e dez Ave-Marias. Antes do próximo mistério pode-se cantar um refrão mariano.

2º MISTÉRIO: MARIA VISITA ISABEL

✝ Texto bíblico: Lc 1,39-45.

Avós: Ao saber que Isabel está grávida, Maria parte em seu auxílio. O encontro delas marca um encontro de gerações, que hoje vemos acontecer pela presença dos avós nas famílias. Isabel e Maria são primas, porém Isabel já está em idade avançada e a presença da jovem Maria nos mostra que a novidade do Messias faz parte da memória do povo. O Diretório para a Catequese (n. 126) destaca que os avós desempenham um papel especial na transmissão da fé para os mais jovens e se tornam referências importantes devido ao seu passado rico de experiência de fé. O Papa Francisco, na exortação sobre o amor na família, nos diz que o encontro entre as gerações mais novas e os mais experientes no caminho ajuda "as crianças a reconhecer que a história não começa com elas, que são herdeiras de um longo caminho" (AL, n. 192).

Após a reflexão, reza-se um Pai-nosso e dez Ave-Marias. Antes do próximo mistério pode-se cantar um refrão mariano.

3º MISTÉRIO: O NASCIMENTO DE JESUS

✝ Texto bíblico: Lc 2,1-7.

Mães: O Papa Francisco, na exortação sobre o amor na família, nos diz: "A encarnação do Verbo em uma família humana, Nazaré, comove com a sua novidade a história do mundo. Precisamos mergulhar no mistério do nascimento de Jesus (...) na festa dos pastores no presépio; na adoração dos Magos; na fuga para o Egito, em que Jesus participou no sofrimento do seu povo exilado, perseguido e humilhado" (AL, n. 65).

Após a reflexão, reza-se um Pai-nosso e dez Ave-Marias. Antes do próximo mistério pode-se cantar um refrão mariano.

4º MISTÉRIO: APRESENTAÇÃO DE JESUS NO TEMPLO

✝ Texto bíblico: Lc 2,22-24.

Pais: É de José a missão de apresentar Jesus ao Senhor. Como pai, ele toma o menino nos braços e oferece o sacrífico pedido pelo costume da época. Essa imagem nos recorda as palavras do Papa Francisco, que insiste em destacar a importância da figura paterna na vida dos filhos. Segundo o Papa, o pai ajuda os filhos a perceberem os limites da realidade; eles precisam ser presentes para que os filhos não deixem de ser crianças antes do tempo (cf. AL, n. 177).

Após a reflexão, reza-se um Pai-nosso e dez Ave-Marias. Antes do próximo mistério pode-se cantar um refrão mariano.

5º MISTÉRIO: JESUS É ENCONTRADO NO TEMPLO

✝ Texto bíblico: Lc 2,41-52.

Catequizandos: O Papa Francisco nos ajuda a expressar o que desejamos pedir à nossa família hoje: que vocês sejam, para nós, apoio e guia, orientando-nos diante das escolhas que precisamos fazer, ajudando-nos a perceber os riscos e a compreender o significado da liberdade. Só com a ajuda de nossa família é que poderemos crescer em estatura, sabedoria e graça como Jesus (cf. AL, n. 260-261).

Após a reflexão, reza-se um Pai-nosso e dez Ave-Marias. Antes do próximo mistério pode-se cantar um refrão mariano.

BÊNÇÃO FINAL

- Peça para que os catequizandos se aproximem de suas famílias e, se possível, se abracem. Em alguns instantes de silêncio, incentive para que possam rezar uns pelos outros.

- Oriente-os a repetir a seguinte oração (quem coordena fala e os demais repetem): "O Senhor te abençoe e te guarde. O Senhor faça brilhar sobre ti sua face, e se compadeça de ti. O Senhor volte para ti sua face e te dê a paz" (Nm 6,24-27).

Pode-se encerrar com um canto sobre família, à escolha do catequista.

> **LEMBRETE**
>
> Não se esqueça de entregar o cartão que foi preparado como lembrança para este momento mariano.

19 LEITURA ORANTE

> **Objetivo**
> Realizar a experiência de momentos especiais com Jesus Cristo através da leitura orante da Palavra.

LEITURA ORANTE

- Como passo importante para o preparo do seu encontro, faça um momento de leitura orante do texto: Lc 11,1-13.

MATERIAIS

✓ Crie um clima especial na sala de encontro ou em outro ambiente disponível para a oração, preparando um dos cantos do ambiente com Bíblia, velas e flores sobre um tapete.

✓ Providencie uma música instrumental para auxiliar nas reflexões e meditações.

✓ Selecione cantos (à escolha).

ACOLHIDA

Catequista: Sejam todos bem-vindos a esta celebração! Hoje teremos um momento especial de oração com a Bíblia, que a nossa Igreja chama de leitura orante.

Leitor 1: Quando queremos rezar buscamos um espaço onde possamos nos concentrar e interiorizar a Palavra de Deus.

Leitor 2: Também Jesus se refugiava para rezar em silêncio e concentração. Foi em um desses momentos que seus discípulos lhe fizeram um pedido especial.

Todos: Senhor, ensina-nos a rezar!

Catequista: Hoje vamos refletir sobre a oração, rezar com Jesus e pedir que Ele nos ensine a rezar e meditar sua Palavra. Iniciemos invocando a presença da Santíssima Trindade (pode ser cantada).

EXERCÍCIO DE ORAÇÃO

Catequista: É na prática da leitura e da escuta atenta da Palavra de Deus que estabelecemos o diálogo filial com o Pai. Para isso é preciso ler o texto bíblico algumas vezes acompanhado de silêncio interior, meditação, oração e contemplação.

Todos: No encontro pessoal com o Senhor, encontramos também a nós. Em nós crescem a oração, a serenidade, a sabedoria que vêm da fé.

Leitor 3: A leitura orante nos ajuda a alimentar a fé e a esperança, ilumina com alegria os problemas cotidianos, ajuda-nos a descobrir os aspectos que precisamos melhorar em nossas vidas. Nos preparemos para este momento rezando:

Todos: *Vinde Espírito Santo, enchei os corações dos vossos fiéis e acendei neles o fogo do vosso amor. Enviai o vosso Espírito e tudo será criado, e renovareis a face da Terra.*

Oremos: Ó Deus que instruíste os corações dos vossos fiéis, com a luz do Espírito Santo, fazei que apreciemos retamente todas as coisas segundo o mesmo Espírito e gozemos sempre de sua consolação. Por Cristo Senhor Nosso. Amém.

Catequista: Vamos realizar passo a passo a leitura orante.

- Com o auxílio de uma música instrumental, peça que fechem os olhos e oriente-os a realizar os passos da leitura orante.

1. Respire lentamente e pense no encontro com o Senhor.
2. Coloque-se na presença d'Ele, faça o sinal da cruz e diga: "Tu me vês".
3. Leia o texto bíblico: Lc 11,1-13.
4. Releia lentamente, versículo a versículo.
5. Lembre que em cada palavra está o Senhor, que fala para cada um de nós hoje.
6. Saboreie a Palavra de Deus, para encontrar paz e tranquilidade.
7. Movido pelo texto lido, converse com Jesus, de amigo para amigo, e apresente seus pedidos. Se não conseguir dizer nada, repita o pedido dos discípulos: "Senhor, ensina-me a rezar!".
8. Em silêncio, de olhos fechados, reze a oração do Pai-nosso.

REGISTRO DA MINHA EXPERIÊNCIA DE ORAÇÃO

Catequista: Estar com o Senhor é um momento especial, por isso vamos fazer um registro deste momento respondendo aos seguintes questionamentos:

1. O que significou este momento de oração para mim?
2. Como me senti durante a meditação?
3. Qual versículo me chamou atenção?

BÊNÇÃO FINAL

Catequista: Queridos catequizandos, vamos pedir a Deus as bênçãos e agradecer esse momento de oração, reflexão e contemplação.

Todos: *Ó Deus Todo-Poderoso, que por vosso Filho, nascido da virgem Maria, trouxe alegria a todos nós, abençoai-nos e ajudai-nos a chegar à santidade. Amém.*

Catequista: Vamos encerrar este momento especial de oração agradecendo com um canto (à escolha).

LISTA DE SIGLAS E ABREVIATURAS

AL – Exortação apostólica *Amoris Laetitia*

CNBB – Conferência Nacional dos Bispos do Brasil

CIgC – Catecismo da Igreja Católica

CR – Catequese Renovada

ChV – Exortação apostólica *Christus Vivit*

DC – Diretório para a Catequese

DCE – Carta encíclica *Deus Caritas Est*

DV – Constituição dogmática *Dei Verbum*

DOCAT – Doutrina Social da Igreja

DAp – Documento de Aparecida

DGAE – Diretrizes Gerais da Ação Evangelizadora da Igreja no Brasil 2019-2023

DP – Documento de Puebla

EG – Exortação apostólica *Evangelium Gaudium*

EM – Decreto *Ecclesia Mater*

FT – Carta encíclica *Fratelli Tutti*

GeE – Exortação apostólica *Gaudete et Exsultate*

GS – Constituição pastoral *Gaudium et Spes*

IGMR – Instrução Geral do Missal Romano

LG – Constituição dogmática *Lumen Gentium*

LS – Carta encíclica *Laudato Si'*

MC – Exortação apostólica *Marialis Cultus*

MV – Bula de proclamação do jubileu da misericórdia *Misericordiae Vultus*

RM – Carta encíclica *Redemptoris Mater*

RICA – Ritual da Iniciação Cristã de Adultos

SC – Constituição Dogmática *Sacrosanctum Concilium*

REFERÊNCIAS

ALMEIDA, A. J. de; PERONDI, I.; MALACARNE, M. A.; DÍAZ, M. D. P.; TERRA, A. L.; CATENASSI, F. Z.; VALÉRIO, I. M.; NEIVA, V. L. da S. *Subsídio litúrgico- -catequético diário*: o pão nosso de cada dia. Marialva: [s.n], 2020. (Ano XV, n. 172).

AGOSTINHO, Santo. *A cidade de Deus*. Petrópolis: Vozes, 2017. (Parte I).

ALEIXANDRE, D. *Bem-aventurados sois*: memórias de duas discípulas. São Paulo: Paulinas, 2008.(Coleção Espiritualidade Bíblica)

BENTO XVI. *Deus Caritas Est*: sobre o amor cristão. São Paulo: Paulus, 2006.

BENTO XVI. *Homilia do Papa Bento XVI*. Santa missa e procissão eucarística à Basílica de Santa Maria Maior na Solenidade do Santíssimo Corpo e Sangue de Cristo, Átrio da Basílica de São João de Latrão, 22 de maio de 2008. Disponível em: https://www.vatican.va/content/benedict-xvi/pt/homilies/2008/documents/hf_ben-xvi_hom_20080522_corpus-domini.html. Acesso em: 9 nov. 2021.

BÍBLIA *Sagrada*. Edição da família: Antigo e Novo Testamentos. Tradução: vários. Petrópolis: Vozes, 2012.

BIBLIOTECA APOSTÓLICA VATICANA. Veni Creator Spiritus. *Vatican News*: Orações. Disponível em: https://www.vaticannews.va/pt/oracoes/veni-creator-spiritus.html. Acesso em: 8 nov. 2021.

BONNARD, P-É. A. Ternura [Verbete]. In: LEÓN-DOUFOUR, X. (dir.). *Vocabulário de teologia bíblica*. Petrópolis: Vozes, 2013.

BUYST, I. *Celebrar com símbolos*. 3. ed. São Paulo: Paulinas, 2007.

CATECISMO *da Igreja Católica*. São Paulo: Loyola, 2000.

CELAM. *Documento de Aparecida*: Texto conclusivo da V Conferência Geral do Episcopado Latino-Americano e do Caribe. São Paulo: Paulinas, 2007.

CNBB. *Com Maria rumo ao novo milênio*: A mãe de Jesus, na devoção, na Bíblia e nos dogmas. São Paulo: Paulinas, 1998. (Documento n. 32)

CNBB. *Diretório nacional de catequese*. Brasília: Edições CNBB, 2006.

CNBB. *As razões da fé na ação evangelizadora*. Brasília: Edições CNBB, 2013. (Subsídios doutrinais n. 7).

CONSTITUIÇÃO Dogmática Lumen Gentium. *In*: KLOPPENBUTG, Fr. B. (org.). *Compêndio do Vaticano II*: constituições, decretos, declarações. Petrópolis: Vozes, 1968.

CONSTITUIÇÃO Dogmática Sacrosanctum Concilium. *In*: KLOPPENBUTG, Fr. B. (org.). *Compêndio do Vaticano II*: constituições, decretos, declarações. Petrópolis: Vozes, 1968.

DESCAMPS, A. Justiça [Verbete]. In: LEÓN-DOUFOUR, X. (dir.). *Vocabulário de teologia bíblica*. Petrópolis: Vozes, 2013.

DOGLIO, C. *Literatura joanina*. Petrópolis: Vozes, 2020.

FIORES, S.; MEO, S. *Dicionário de mariologia*. São Paulo: Paulus, 1995.

FRAINE, J. de; VANHOYE, A. Coração [Verbete]. In: LEÓN-DOUFOUR, X. (dir.). *Vocabulário de teologia bíblica*. Petrópolis: Vozes, 2013.

GIBRAN, K. *O profeta*. São Paulo: Planeta do Brasil, 2019.